사람의 품격

관계 속에서 드러나는 인간의 깊이

사람의 품격

전선영 지음

이정
서재

기준은 조용히 쌓인다.

나는 오래도록 사람을 바라보며 살아왔다. 강단에서 학생들을 가르치고 복지 현장에서 삶의 가장 약한 순간을 마주하며, 그리고 국정의 중심에서 수많은 결정이 만들어지는 과정을 지켜보며 한 가지 질문을 반복해 왔다.

왜 어떤 사람은 시간이 지날수록 신뢰를 얻고 어떤 사람은 말이 많아질수록 가벼워질까.

그 차이는 능력에 있지 않았다. 학력이나 말솜씨, 직함의 높낮이에도 있지 않았다. 결국 남는 것은 기준이었다.

이 책은 성공의 기술을 말하지 않는다. 옳은 말을 골라 하는 법도 알려주지 않는다. 대신 사람이 흔들릴 때 무엇을 붙잡아야 하는지, 선택의 순간에 어떤 태도가 한 사람의 품격을 결정하는지를 기록했다.

　나는 이 책을 잘 살아 보이기 위해 쓰지 않았다. 흔들리지 않기 위해 썼다.

2026년 1월
전선영

7부 자리 이후의 윤리

1부

태도는 드러나고
품격은 남는다

'태도는 가장 느린 자기소개다.'

- 서둘러 설명하지 않아도 시간은 결국 사람을 대신 말해 준다.

품격은 목소리가 아니라
태도에서 드러난다

사람을 이기려는 말보다
사람을 잃지 않으려는 태도가 더 중요하다.

사람들은 흔히 품격을 말투에서 찾는다. 낮고 안정된 목소리, 서두르지 않는 말의 속도 적당한 높낮이와 예의 바른 단어 선택. 그런 요소들이 세련됨과 교양의 증거처럼 여겨진다.

그러나 오랜 시간을 사람 곁에서 살아오며 나는 점점 분명해졌다. 품격은 목소리에서 나오지 않는다. 그것은 목소리 뒤에 숨은 태도다. 다시 말해 한 사람이 오랜 시간에 걸쳐 몸에 새긴 삶의 자세에서 드러난다. 목소리는 얼마든지 연습할 수 있지만 태도는 쉽게 만들어지지 않는다. 강단에서 학생들을 만난 지도 어느덧 18년이 넘었다. 해마다 비슷한 질문을 하는 학생도 있었고, 같은 실수를 반복하는 학생들도 있었다.

말투는 세련되지 않았지만, 태도가 좋은 학생이 있었고, 언변은 유려했지만 책임 앞에서 쉽게 물러서는 경우도 있었다.

시간이 지나며 나는 성적보다 태도를 먼저 보게 되었다. 그 사람이 어떤 말을 하느냐보다, 어떤 순간에 말을 아끼는지를 보게 되었기 때문이다. 그 차이는 졸업 이후의 삶에서 더욱 분명해졌다.

문학 속에서도 품격은 대개 '조용한 선택'으로 나타난다. 도스토예프스키의 『죄와 벌』에서 라스콜리니코프는 누구보다 논리적이고 설득력 있는 언어를 가진 인물이다. 그의 말은 날카롭고 사고는 치밀하고 스스로를 정의의 집행자처럼 포장한다. 그러나 그 언어는 결국 인간을 향한 존중이 아니라 자기 정당화의 기술로 드러난다. 말의 힘이 강해질수록 그의 태도는 점점 고립된다.

반면 소냐는 화려한 언변을 가진 사람이 아니다. 가난하고 흔들리며 늘 조심스럽다. 하지만 끝내 라스콜리니코프를 포기하지 않고, 함께 바닥을 걸어 내려간다. 설득하지 않고 견디는 선택, 판단하지 않고 함께하는 침묵. 나는 오랫동안 그 장면을 품격의 본질에 가장 가까운 모습으로 기억해 왔다. 사람을 이기려는 말보다, 사람을 잃지 않으려는 태도가 더 오래 남는다.

복지 현장에서 사람을 만나는 일은 강단과는 또 다른 무게를 가진다. 삶이 무너진 상태로 도움을 요청하는 사람들 앞에서 말은 종종 무력해진다. 그들에게 필요한 것은 설명이 아니라 태도였다. 판단하지 않고 끝까지 듣는 자세와 서둘러 결론을 내리지 않는 인내, 그리고 약속을 지키는 일관성이다.

철학에서도 품격은 논쟁의 승리가 아니라 삶의 자세로 측정된다. 소크라테스는 말의 달인이었지만, 그를 위대한 철학자로 만든 것은 설득의 기술이 아니었다. 『변명』에서 그는 살기 위해 비굴한 말을 고르지 않는다. 이길 수 있는 변론보다 지킬 수 있는 삶을 선택한다. 그의 품격은 그 순간의 목소리가 아니라 죽음을 앞에 두고도 무너지지 않는 태도에서 빛난다.

조직을 책임지는 자리에 서면서 품격은 더욱 노골적으로 시험받았다. 사람을 꾸짖어야 할 때와 책임을 물어야 할 때, 감정은 쉽게 목소리로 튀어나온다. 그럴수록 나는 말을 늦추는 쪽을 택해 왔다. 화를 내는 것은 순간을 정리할 수는 있어도, 관계와 신뢰까지 책임지지는 못하기 때문이다.

공자는 『논어』에서 "군자는 화이부동하고 소인은 동이불화한다"고 말했다. 품격 있는 사람은 다름을 위협으로 받아들이지 않는다. 차이를 공격하지 않고 견디면서 상대를 굴복시키는 논리보다 관계를 망치지 않는 태도를 선택한다. 이 문장은 오랫동안 나의 기준이 되어왔다.

품격은 결국 선택의 총합이다. 상대가 무례할 때 같은 방식으로 대응할 것인가, 실수한 사람을 공개적으로 단죄할 것인가, 아니면 조용히 책임지게 할 것인가. 그 순간의 선택들은 기록되지 않지만, 사람을 만든다. 목소리는 꾸며질 수 있어도 선택은 속일 수 없다.

나는 이제 누군가의 말투보다 태도를 먼저 본다. 약자 앞에서의 자세와 갈등 속에서의 침착함, 공로를 독차지하지 않는 태도, 불리한 순간에도 책임을 피하지 않는 얼굴.

품격은 말로 증명되는 것이 아니라 살아내는 것이다. 목소리는 흔들릴 수 있어도 태도는 남는다. 그리고 그 태도는 조용히, 그러나 오래도록 사람 곁에 남는다.

말투는 훈련할 수 있어도
태도는 숨길 수 없다

사람은 말을 쉽게 잊어도
태도에서 받은 감정은 오래 기억한다.

    말투는 얼마든지 배울 수 있다. 발성 훈련을 하고 속도를 조절하고 단어를 고르면 누구든지 그럴듯한 말투를 가질 수 있다. 실제로 사회는 그런 능력을 빠르게 보상한다. 말을 잘하는 사람은 똑똑해 보이고 설득력 있어 보이고 때로는 책임감 있는 사람처럼 보인다. 회의에서 먼저 말하는 사람, 논리를 정돈해 설명하는 사람은 자연스럽게 중심에 선다. 그래서 우리는 말투를 능력의 지표처럼 오해한다.

    하지만 오랜 시간 사람과 생활하며 나는 점점 더 분명해졌다. 말투는 훈련할 수 있지만, 태도는 훈련으로 끝까지 숨길 수 없다는 사실이다. 말투는 연출할 수 있어도 태도는 반복되는 상황 속에서 반드시 드러난다. 특히 이해관계가 걸린 순간, 책임의 무게가 실리는 장면에서는 더 그렇다. 그때 사람은 연습한 언어보다, 몸에 밴 태도로 반응한다.

강단에서 학생들을 만나며 나는 이 차이를 수없이 보아 왔다. 표현이 유려하고 질문을 잘 던지는 학생도 있었고, 말은 서툴지만, 고개를 들고 끝까지 듣는 학생도 있었다. 시간이 흐를수록 신뢰를 얻는 쪽은 언제나 후자였다. 말투가 매끄러운 사람은 초반에 주목받지만, 태도가 단단한 사람은 시간이 지날수록 신뢰를 쌓는다. 질문을 던지는 방식과 동료의 의견을 대하는 태도, 불리한 상황에서의 반응 하나하나가 결국 그 사람을 설명했다.

이 사실은 내가 대통령실에서 비서관으로 일하면서 더욱 분명해졌다. 공식 발언은 대부분 잘 준비되어 있었다. 단어 하나, 문장 하나까지 신중하게 다듬어진 말들이었다. 그러나 그 말들이 곧바로 신뢰로 이어지지는 않았다. 회의실 밖에서 갈등이 생겼을 때 예기치 않은 민원을 마주했을 때 드러난 것은 말투가 아니라 태도였다. 불편한 이야기를 누가 끝까지 듣는지, 책임이 생겼을 때 누가 자리를 지키는지, 공이 생겼을 때 누가 한발 물러서는지, 그 순간들이 사람을 판단하게 했다.

말투는 상황에 따라 쉽게 바뀐다. 상대가 중요한 사람이면 공손해지고 자리가 편해지면 느슨해진다. 그러나 태도는 그렇게 쉽게 바뀌지 않는다. 긴장이 높아질수록 선택의 책임이 커질수록 사람은 자신도 모르게 평소의 태도를 드러낸다. 누군가의 말을 끊는 순간이나 책임을 회피하는 반응, 공을 자신에게로 끌어오는 태도는 연습한 말투보다 훨씬 정직하다.

사람들은 종종 말투로 자신을 보호하려 한다. 예의를 갖춘 표현 뒤에 냉담함을 숨기고 부드러운 말로 자신의 무책임함을 가린다. 그러나 그런 말투는 오래가지 않는다. 반복되는 상황 속에서 사람들은 결국 느낀다. 이 사람은 말을 잘하는지 아니면 믿을 수 있는지를. 말투는 인상을 남기지만 태도는 기억을 남긴다.

태도가 일관된 사람은 말이 많지 않아도 신뢰를 얻는다. 약속을 지키는 방식과 불리해도 기준을 버리지 않는 선택, 약자 앞에서 달라지지 않는 자세는 화려한 언변보다 훨씬 강력하다. 말은 상황을 설명할 수 있지만, 태도는 관계를 만든다. 그래서 말투로 시작된 관계는 흔들리기 쉽고 태도로 이어진 관계는 오래간다.

공자는 군자의 기준을 말할 때 언변이 아니라 태도를 이야기했다. 군자는 말로 이기려 하지 않고 삶으로 감내한다. 이 기준은 오늘에도 여전히 유효하다. 말투는 관계의 문을 여는

열쇠일 수는 있지만, 관계를 지탱하는 기둥은 태도다. 말투는 첫인상을 만들고 태도는 마지막 평가를 만든다.

　나는 이제 누군가를 평가할 때 그의 말투를 오래 보지 않는다. 대신 묻는다. 이 사람은 불리한 순간에 어떤 선택을 하는가. 책임이 생겼을 때 앞으로 나서는가 뒤로 숨는가. 다른 사람의 공을 인정하는가, 그 공을 자기 말로 덮어버리는가. 그 질문 앞에서 태도는 숨길 수 없다.

　말투는 연습의 결과지만 태도는 삶의 누적이다. 그래서 태도는 늦게 바뀌고 한 번 드러나면 오래 기억된다. 결국 사람을 남기는 것은 말의 기술이 아니라 태도의 일관성이다. 말투는 훈련할 수 있어도 태도는 끝내 숨길 수 없다. 그리고 우리는 정말 중요한 순간에 무엇이 우리를 평가하는지를 알고 있다.

조용한 사람의 단단함

조용함은 부재가 아니라
판단을 가능하게 하는 힘이다.

세상은 여전히 드러나는 사람에게 힘이 있다고 믿는다. 말
이 빠르고 반응이 즉각적이며 자신의 존재를 분명히 각인시
키는 사람이 주도권을 쥐는 것처럼 보인다. 회의실에서도 조
직 안에서도 화면 속에서도 그런 장면은 익숙하다. 그러나 시
간이 흐를수록 나는 다른 얼굴들을 더 또렷하게 기억하게 되
었다. 결정적인 순간마다 방향을 바꾸고 관계를 지켜내고 기
준을 끝까지 남긴 사람들은 대개 조용했다. 그들의 조용함은
비어 있음이 아니라 쉽게 흔들리지 않는 단단함에 가까웠다.
　조용한 사람은 말이 없는 사람이 아니다. 그는 말하기 전에
충분히 듣고 판단한 뒤에야 입을 연다. 그래서 그의 말은 많

지 않지만 가볍지 않다. 조용함은 소극성의 표현이 아니라, 책임을 감당할 준비가 되어 있다는 신호에 가깝다. 감정이 앞서지 않도록 자신을 다스려 말의 결과까지 계산할 수 있을 때만 말한다. 그 태도는 처음에는 눈에 띄지 않지만, 시간이 쌓일수록 신뢰라는 형태로 드러난다.

가족은 가장 솔직한 공간이다. 역할이나 직함이 없기에 감정은 쉽게 드러난다. 우리 집은 다섯 형제가 모이면 의견이 자주 엇갈렸고, 크고 작은 결정 앞에서 목소리가 높아지곤 했다. 그럴 때마다 눈에 띄게 나서지는 않지만, 중심을 잡아주는 사람이 있었는데, 바로 언니였다.

언니는 먼저 말하지 않았다. 모두의 이야기를 끝까지 들은 뒤, 감정이 가라앉을 때까지 기다렸다. 지금 우리가 다투는 이유가 무엇인지, 그것이 당장의 감정 때문인지 아니면 오래 가져가야 할 결정인지를 구분해 짧게 말을 건넸다. 누구의 편도 들지 않은 채 엇갈린 지점을 정리한 그 한마디 뒤에는 더 이상 말이 필요 없는 침묵이 찾아왔다.

그 침묵은 불편함이 아니라 비로소 판단이 가능해졌다는 신호였다. 시간이 지나 돌아보면, 가족의 결정은 늘 그 침묵을 거친 뒤에 내려졌음을 알게 된다.

조용한 단단함은 특히 의사결정의 현장에서 분명해진다.

시민사회수석실에서 일하며 나는 수없이 많은 회의를 경험했다. 회의가 시작되면 각자의 논리가 쏟아진다. 속도를 강조하는 목소리, 리스크를 경고하는 주장, 숫자와 사례가 맞물리며 말은 점점 많아진다. 논의가 풍성해 보일수록 방향은 오히려 흐려지기 쉽다. 그럴 때마다 중요한 역할을 담당하는 사람이 있었다. 그는 가장 먼저 말하지 않았다. 대신 끝까지 듣고 쟁점을 의견이 아니라 결정의 항목으로 정리했다.

지금 당장 결론을 내려야 할 사안과 더 검토가 필요한 사안을 구분하고, 단기 성과와 장기 책임이 어디에서 충돌하는지를 가라앉혀 보았다. 무엇보다 수석의 판단이 내려졌을 때, 그 결정이 누구의 책임으로 이어지는지를 분명히 했다. 그는 결정을 대신 내리지 않았다. 그러나 그가 있었기에 결정은 가능해졌다. 조용함은 뒤로 물러서는 태도가 아니라, 결정을 떠받치는 구조였다.

결국 결론은 한 사람의 말로 내려진다. 우리는 그 결정을 따른다. 그러나 그 결론이 어떤 결론이 되는지는 그 이전에 누가 어떻게 논의를 정리했는지에 달려 있다. 조용한 사람은 권위를 거스르지 않는다. 대신 권위가 더 나은 판단을 내릴 수 있도록 돕는다. 소리를 키우지 않으면서도 책임의 무게를 가볍게 하지 않는 태도가 바로 조용한 단단함이다.

조용함은 갈등을 피하는 기술이 아니다. 오히려 갈등을 정면으로 마주하되 불필요한 상처를 남기지 않는 방식이다. 소리를 낮춘다고 해서 기준까지 낮추는 것은 아니다. 조용한 사람은 자신의 기준을 분명히 갖고 있다. 다만 그것을 목소리로 증명하지 않을 뿐이다. 그는 결과로, 태도로, 반복되는 선택으로 말한다. 그래서 그의 침묵은 종종 말보다 강하다.

우리 사회는 빠른 반응과 즉각적인 표현을 요구한다. 말하지 않으면 뒤처지는 것처럼 느껴지고, 조용하면 존재감이 없는 사람처럼 보이기도 한다. 그러나 모든 순간에 말이 필요한 것은 아니다. 때로는 말하지 않는 선택이 더 큰 책임이 된다. 감정을 앞세우지 않는 절제, 상대를 깎아내리지 않는 침묵, 공을 독차지하지 않는 태도, 이런 것들은 기록되지 않지만 조직과 공동체를 오래 지탱한다.

나는 이제 사람을 볼 때, 그가 얼마나 말을 잘하는지보다 얼마나 말을 아낄 줄 아는지를 본다. 조용한 순간에 기준을 지키는지 불리해도 태도를 바꾸지 않는지, 침묵 속에서도 책임을 놓지 않는지. 그런 사람은 결국 신뢰를 남긴다. 조용한 사람의 단단함은 요란하지 않다. 그러나 한 번 쌓이면 쉽게 무너지지 않는다. 그리고 그 단단함은 시간이 지날수록 더 분명해진다.

화를 참는 것과
화를 다루는 것

화 자체에 문제가 있는 것이 아니라,
처리하지 않고 방치하는 것이 더 문제다.

우리는 대체로 화를 드러내지 않는 사람이 성숙하다고 배워 왔다. 불편한 감정을 삼키고 표정을 관리하고 상황을 조용히 넘기는 태도가 어른스러운 선택처럼 여겨진다. 그러나 살아오면서 점점 분명하게 느꼈던 사실이 있다. 화를 참는 것과 화를 다루는 것은 전혀 다른 일이며, 이 둘을 혼동할수록 사람은 관계 속에서 쉽게 소진된다는 점이다.

화를 참는다는 것은 감정을 안으로 밀어 넣는 방식이다. 겉으로는 아무 일 없는 척하지만, 마음속에서는 분노가 축적된다. 이 방법은 단기적으로는 충돌을 피하는 데 유효할 수 있다. 그러나 참아낸 화는 사라지지 않는다. 처리되지 않은 감정은 방향을 잃고 결국 다른 형태로 모습을 드러낸다. 날 선 말투, 과도한 거리두기, 혹은 전혀 다른 대상에게 향하는 불균형한 반응으로 말이다.

학생들을 가르치며 나는 이 차이를 반복해서 체감했다. 수업을 방해하는 태도나 무례한 언행, 공동의 규칙을 가볍게 여기는 행동 앞에서 나 역시 분노를 느낀 적이 적지 않다. 그럴 때마다 선택의 갈림길이 찾아온다. 즉각적으로 감정을 드러내 질서를 바로잡을 것인가, 아니면 화를 삼킨 채 넘어갈 것인가. 초반에는 후자를 택하는 경우가 많았다. 감정을 드러내는 것이 권위의 남용처럼 느껴졌고, 상황을 키우고 싶지 않았기 때문이다.

그러나 시간이 지나며 나는 그 선택이 나에게만 부담을 남긴다는 사실을 알게 되었다. 수업은 이어졌지만, 긴장은 해소되지 않았고, 참아낸 화는 내 마음속에 남아 쌓였다. 겉으로는 평온했지만, 내 안에서는 소진이 진행되고 있었다. 그때 깨달았다. 문제는 화 자체가 아니라 화를 처리하지 않은 채 방치하고 있다는 점이다.

이후 나는 방향을 바꾸었다. 화를 누르기보다 다루기로 했다. 감정이 올라오는 순간 즉각 반응하지 않고, 한 박자 늦춰 그 감정이 무엇을 가리키는지 살폈다. 수업 중 공개적인 질책 대신, 수업 후 조용히 불러 태도의 문제를 짚었다. 화가 났다는 사실을 앞세우기보다 이 공간에서 지켜야 할 기준과 역할을 분명히 했다. 개인의 감정을 공동체의 원칙으로 전환하는 선택이었다. 그 과정에서 질서는 감정이 아니라 기준을 통해 회복되었다.

스토아 철학자들은 외부의 사건보다 그것을 해석하는 판단이 인간을 흔든다고 보았다. 분노 역시 마찬가지다. 화는 외부에서 촉발되지만, 그것을 어떤 선택으로 이어갈지는 개인의 몫이다. 감정을 행동의 원인으로 삼느냐, 판단의 재료로 삼느냐에 따라 결과는 전혀 달라진다.

화를 참기만 하는 사람은 결국 감정에 지배당하기 쉽다. 반면 화를 다루는 사람은 감정을 도구로 전환한다. 그는 분노를 정당화하지도 억압하지도 않는다. 대신 묻는다. 지금 이 감정이 무엇을 요구하는지, 어떤 기준을 세워야 하는지 이 상황에서 내가 책임져야 할 것은 무엇인지. 이 질문들이 감정을 판단으로 옮긴다.

화를 다룬다는 것은 쉽지 않은 일이다. 즉각적인 반응을 미루는 용기, 상대를 단번에 제압할 수 있는 말을 삼키는 절제, 감정이 가라앉을 시간을 스스로에게 허락하는 인내가 필요하다. 때로는 손해처럼 느껴지고, 느린 선택처럼 보이기도 한다. 그러나 시간이 지나면 이 방식이 관계와 신뢰를 가장 오래 지킨다는 사실이 드러난다.

나는 이제 화가 없는 사람이 성숙한 사람이라고 생각하지 않는다. 오히려 화를 느끼되, 그 화에 휘둘리지 않는 사람이 단단한 사람이라고 믿는다. 화를 참는 것은 기술일 수 있지만, 화를 다루는 것은 태도다. 그리고 태도는 반복된 선택의 결과다. 분노의 순간마다 어떤 선택을 해왔는지가 결국 한 사람의 품격을 만든다.

불리할 때 드러나는 얼굴

말은 언제든 수정할 수 있지만,
행동은 기억에 오래 남는다.

    사람의 얼굴은 늘 같은 모습으로 남아 있지 않다. 일이 잘 풀릴 때는 누구나 여유롭고 합리적이다. 선택이 성과로 이어지고 책임이 분산되어 있을 때 사람들은 대체로 온화하다. 자신의 말이 받아들여지고 판단이 칭찬으로 돌아올 때는 굳이 태도를 점검할 이유도 느끼지 않는다. 그러나 상황이 불리하거나 계산이 어긋날 때, 책임이 분명해질 때, 비로소 감춰졌던 얼굴이 모습을 드러낸다. 자신의 품격은 바로 그 순간에 시험대에 오른다.

    불리함 앞에서 사람은 흔들린다. 그 흔들림은 대개 소리 없이 시작된다. 말의 방향이 달라지고 책임의 경계가 흐려진다.

함께 내린 판단이 개인의 해석으로 바뀌기도 한다. 분명했던 기준에 사정과 맥락이 덧붙여진다. 처음에는 작은 조정처럼 보이지만 이 선택들이 반복되면 태도가 된다. 불리한 상황에서 자신을 보호하려는 본능은 자연스럽다. 문제는 그 본능을 어디까지 허용하느냐에 있다.

불리할 때 드러나는 얼굴은 말보다 행동에서 더 분명해진다. 유리할 때는 원칙을 강조하다가 불리해지면 예외부터 찾는다. 공동의 책임을 말하던 사람도 결과가 좋지 않으면 자신의 몫을 최소화하려 애쓴다. 상황이 바뀌었을 때 어떤 이는 처음의 기준을 끝까지 지키고, 또 어떤 이는 판단의 이유부터 바꾼다. 이 차이는 겉으로는 작아 보일지 모르지만, 사람을 가르는 데에는 충분히 크다. 말은 얼마든지 고칠 수 있지만, 행동은 기억으로 남기 때문이다.

교육 현장에서도 이 장면은 자주 목격된다. 팀 과제가 잘 풀릴 때는 모두가 협력적이다. 그러나 결과가 기대에 미치지 못했을 때, 평가가 불리하게 나왔을 때 태도는 달라진다. 어떤 학생은 조건을 다시 묻고 어떤 학생은 책임의 경계를 흐린다. 반면 결과가 불리해도 자신의 몫을 인정하고 동료를 방패 삼지 않는 학생도 있다. 점수는 같을지 몰라도 그 이후의 신뢰는 같지 않다. 사람들은 결국 결과보다 태도를 기억한다.

조직과 공적인 영역에서는 이 차이가 더욱 분명해진다. 결정이 잘 작동할 때는 모두가 한 방향을 본다. 그러나 예상치 못한 결과가 나왔을 때, 비판이 쏟아질 때 누가 앞에 서고 누가 뒤로 물러나는지는 명확히 갈린다. 어떤 사람은 설명을 늘리며 책임을 희석하려 하고, 어떤 사람은 침묵 속에서 시간이 지나가기를 기다린다. 반대로 불리한 상황에서도 자신이 맡은 몫을 분명히 하고 판단의 결과를 감당하는 사람도 있다. 그는 모든 것을 해결하지는 못할지라도 신뢰를 잃지는 않는다.

불리할 때 품격을 지킨다는 것은 영웅적인 선택을 의미하지 않는다. 모든 책임을 떠안겠다는 선언도 필요 없다. 다만 책임의 위치를 흐리지 않고 기준을 바꾸지 않으며, 말을 줄이는 태도면 충분하다. 불리할수록 설명은 간결하고 태도는 단순해져야 한다. 말이 많아질수록 자기방어처럼 보이기 쉽고 기준이 흔들릴수록 신뢰는 빠르게 무너진다.

사람들은 종종 불리한 상황에서 공격적으로 변한다. 상대의 약점을 먼저 들추고 논점을 옮기며, 자신의 위치를 지키려 한다. 그러나 이 방식은 단기적으로는 방패가 될 수 있어도 장기적으로는 관계를 파괴한다. 불리함을 견디는 태도는 상대를 이기는 기술이 아니라 스스로를 잃지 않는 선택에 가깝다. 손해를 보지 않으려다 더 큰 신뢰를 잃는 순간은 생각보다 많다.

시간이 흐를수록 나는 한 사람을 평가하는 기준이 달라졌다. 무엇을 얼마나 성취했는지보다, 불리한 순간에 어떤 얼굴로 남았는지가 더 오래 기억된다. 말을 바꾸지 않았는지 책임을 미루지 않았는지 자신보다 약한 사람에게 부담을 전가하지 않았는지. 이런 선택들은 겉으로 드러나지 않지만 관계 속에서는 분명한 흔적으로 남는다.

품격은 유리할 때 드러나지 않는다. 상황이 나를 보호해 주지 않을 때, 선택이 손해로 돌아올 때, 그럼에도 기준을 놓지 않았는지가 남는다. 불리할 때 드러난 얼굴은 쉽게 바뀌지 않는다. 그리고 그 얼굴이야말로 그 사람이 오랜 시간에 걸쳐 만들어 온 삶의 결과다.

상대를 꺾지 않고
기준을 지키는 법

말이 많아질수록 기준은 흐려지고
태도가 좋을수록 기준은 또렷해진다.

기준을 지켜야 하는 순간은 대개 불편하다. 상대의 사정을
알 것 같고 감정의 이유도 충분히 이해되지만, 그렇다고 그
사정까지 판단의 기준으로 삼을 수는 없는 상황. 이때 선택
지는 늘 두 갈래로 갈린다. 상대를 꺾어 질서를 세울 것인가,
아니면 기준을 조금 낮춰 갈등을 피할 것인가. 많은 갈등은
바로 이 지점에서 시작된다.

경험상 이 두 선택은 오래가는 해법은 아니었다. 상대를 꺾
는 방식은 즉각적인 효과는 있으나 관계를 닫아 버린다. 상
대는 설득되지 않고 복종하게 되고, 그 순간부터의 기준은
'사람을 누르는 도구'로 인식된다. 반대로 기준을 낮추는 선

택은 당장은 부드러워 보이지만, 이후의 판단을 더 어렵게 만든다. 기준이 상황과 사람에 따라 달라질 수 있다는 신호를 남기기 때문이다.

이 딜레마는 특히 교육 현장에서 자주 반복된다. 전공 수업보다 오히려 1학년 교양 수업에서 더 선명하다. 지각을 반복하는 학생, 규칙을 가볍게 여기는 태도, 공동체의 흐름을 무너뜨리는 행동 앞에서 교수로서의 판단이 요구된다. 강하게 제압하면 즉각적인 질서는 잡힌다. 그러나 그 순간 학생은 배움의 주체가 아니라 통제의 대상이 된다. 반대로 모든 상황을 이해와 배려로만 넘기면, 기준은 빠르게 무너지고 그 영향은 다른 학생들에게까지 번진다. 기준이 흐려진 교실에서는 가장 성실한 사람이 먼저 지친다.

나는 그 사이에서 길을 찾으려 애썼다. 감정을 앞세우지 않되, 사람을 몰아붙이지 않는 방식이다. "왜 그렇게 했는지"는 묻되, "그래도 안 되는 이유"는 분명히 말하는 태도. 사정을 듣는 것과 기준을 유예하는 것은 다르다는 점을 분명히 했다. 상대를 이해하는 말은 충분히 하되 판단의 결론은 흐리지 않는 방식이었다. 그 과정에서 관계는 잠시 불편해질 수 있었지만, 완전히 무너지지는 않았다. 오히려 기준이 분명해질수록 대화는 다시 가능해졌다.

기준은 상대를 공격하기 위한 도구가 아니다. 기준은 공동체를 유지하기 위한 약속이다. 그 약속을 지키는 방식이 반드시 공격적일 필요는 없다. 오히려 차분하고 단호할수록 기준은 더 또렷해진다. 말을 많이 하지 않아도 된다. 설명을 길게 늘어놓지 않아도 된다. 기준은 설득의 양으로 증명되지 않는다. 기준은 일관된 태도로 증명된다.

문학 속에서도 이 태도는 반복해서 등장한다. 체호프의 단편 소설 속 인물들은 상대를 몰아붙이지 않는다. 대신 끝까지 자리를 지키면서 자신이 해야 할 몫을 벗어나지 않는다. 그들은 타인을 굴복시키지 않지만, 스스로 물러서지도 않는다. 체호프가 보여 주는 단단함은 승부가 아니라 태도의 지속성에서 나온다. 설명하지 않되 흔들리지 않는 인물들, 그 조용한 태도가 결국 기준을 만든다.

현실에서도 마찬가지다. 상대를 이기려 들수록 말은 거칠어지고 논점은 흐려진다. 반대로 기준에 집중하면 말은 짧아지고 태도는 단순해진다. 지금 무엇이 문제인지, 어떤 선을 넘었는지, 그 선은 왜 지켜져야 하는지를 차분히 말하는 것. 그것이면 충분하다. 상대를 완전히 설득하지 못하더라도, 기준은 남는다. 그리고 기준이 남은 자리에서는 관계도 완전히 끊어지지 않는다.

사람을 대하는 방식에서 중요한 것은 상대를 무너뜨리지 않으면서도 기준을 흔들리지 않게 세우는 능력이다. 이는 타협이 아니라 선택의 문제다. 감정을 존중하되, 그 감정이 판단을 대신하도록 두지 않는 태도. 불편함을 감수하더라도 원칙을 흐리지 않는 결정. 이것이야말로 가장 어려운 리더십이며, 가장 오래 남는 신뢰의 방식이다.

상대를 꺾는 것은 순간의 승리일 수 있다. 그러나 기준을 지키는 것은 시간의 신뢰다. 품격은 이기는 방식이 아니라, 지키는 태도에서 드러난다.

예의는 약함이 아니다

예의는 타인을 위한 배려가 아니라
자기 자신을 잃지 않기 위한 선택이다.

예의는 종종 오해받는다. 부드러운 말투, 충돌을 피하는 태도, 상대의 기분을 먼저 살피는 행동. 그래서 예의 바른 사람은 쉽게 양보하고 쉽게 물러나며 상황에 끌려다니는 사람처럼 보이기도 한다. 특히 경쟁이 치열한 조직이나 정치의 장면에서는 예의가 곧 무력함처럼 취급되기 쉽다. 그러나 예의를 그렇게 이해하는 순간, 우리는 예의의 본질을 놓친다.

예의는 상대에게 맞추는 기술이 아니다. 오히려 자기 기준을 잃지 않기 위해 선택하는 방식에 가깝다. 기준이 없는 사람은 예의를 오래 유지하지 못한다. 불편해지면 감정이 먼저 튀어나오고, 손해가 느껴지면 태도는 빠르게 바뀐다. 반대로 기준이 분명한 사람은 굳이 상대를 자극하지 않는 길을 택할 수 있다. 그 선택은 양보가 아니라 절제이며 약함이 아니라 통제다.

규칙을 어긴 사람을 강한 언어로 제압하는 일은 어렵지 않다. 목소리를 높이면 상황은 즉각 정리되는 것처럼 보인다. 그러나 그 방식은 문제를 해결하기보다 눌러 두는데 가깝다. 통제는 남지만, 기준은 남지 않는다. 반면 언어를 절제하고 태도를 낮추되 지켜야 할 선을 분명히 했을 때 상황은 다르게 흘러간다. 상대는 굴복하지 않아도 멈추고 기준은 감정이 아니라 구조로 남는다. 예의는 힘을 포기하는 방식이 아니라 힘을 다른 방식으로 쓰는 선택이다.

예의는 감정을 숨기는 가면도 아니다. 화가 나지 않아서 예의를 지키는 것이 아니라 화가 나더라도 그 감정이 판단을 대신하지 않기 위해 예의를 택하는 것이다. 그래서 예의는 감정이 없는 상태가 아니라 감정을 다룰 수 있는 상태에서 나온다. 자기감정을 통제하지 못하는 사람은 오래 예의를 유지하지 못한다. 결국 예의는 성격의 문제가 아니라 권한을 다루는 감각의 문제다.

문학 속에서도 예의는 결코 약함으로 그려지지 않는다. 체호프의 인물들은 대체로 정중하지만 만만하지 않다. 그들은 상대를 몰아붙이지 않지만, 자신의 자리를 쉽게 내주지도 않는다. 목소리를 높이지 않아도 선을 지키고 장황하게 설명하지 않아도 물러서지 않는다. 그 정중함은 타인을 배려하기 이전에 스스로의 기준을 지키는 태도. 체호프가 보여 주는 단단함은 승부가 아니라 태도의 지속성에서 나온다.

현실에서도 비슷하다. 예의를 버리고 강하게 나가는 순간 사람들은 잠시 물러설 수 있다. 그러나 그 기억은 오래 남지 않는다. 반대로 예의를 유지한 채 기준을 분명히 한 사람은 쉽게 잊히지 않는다. 말은 부드러웠지만 선택은 분명했고 태도는 흔들리지 않았기 때문이다. 사람들은 결국 말의 강도보다 태도의 일관성을 기억한다.

예의는 상대를 불편하게 하지 않기 위한 장치가 아니다. 예의는 관계를 지속 가능하게 만드는 최소한의 기준이다. 무례함은 순간의 우위를 만들 수는 있지만, 신뢰를 만들지는 못한다. 예의는 속도를 늦출 수는 있어도 방향을 잃게 하지는 않는다. 그래서 예의는 효율의 문제가 아니라 지속의 문제다.

나는 이제 예의 바른 사람을 다르게 본다. 그는 약한 사람이 아니라, 쉽게 반응하지 않는 사람이다. 감정에 끌려가지 않고, 상황에 휘둘리지 않으며, 굳이 상대를 이겨야 할 이유를 만들지 않는 사람이다. 그 여유는 타고난 성격에서 나오지 않는다. 기준에서 나온다.

예의는 모두에게 친절하겠다는 선언이 아니다. 지켜야 할 선을 분명히 정한 사람이, 그 선을 넘지 않기 위해 선택한 태도다. 그래서 예의는 결코 중립적이지 않다. 그것은 분명한 입장이며, 책임 있는 선택이다.

예의는 약함이 아니다. 예의는 힘이다. 그리고 그 힘은, 기준을 가진 사람에게만 허락된다.

태도는 가장 느린 자기소개다

자기를 서둘러 설명하지 않아도
태도는 결국 시간이 말해 준다.

사람은 대개 자신을 말로 소개한다. 이름과 직함, 경력과 성과를 앞세워 자신의 위치를 설명한다. 짧은 시간 안에 자신을 증명해야 하는 사회에서 말은 점점 더 빠르고 능숙해진다. 그러나 그렇게 정제된 말들 속에서 정작 한 사람을 오래 설명하는 요소는 쉽게 사라진다. 말보다 느리고, 성과보다 뒤늦게 드러나며 설명 없이 작동하는 것. 바로 태도다.

태도는 서두르지 않는다. 첫 만남에서는 거의 보이지 않고 한두 번의 대화로는 판단하기 어렵다. 태도는 언제나 반복을 전제로 한다. 같은 상황이 다시 왔을 때 무엇을 선택하는지 불편함이 쌓였을 때 감정을 어떻게 다루는지, 책임이 생겼을 때 자리를 지키는지 혹은 비켜서는지. 이런 선택들이 겹치며 사람의 윤곽을 만든다. 그래서 태도는 느리다. 그러나 느리기 때문에 쉽게 조작되지 않는다.

말은 상황에 따라 달라질 수 있다. 필요하면 바꾸고 다듬고 조정할 수 있다. 하지만 태도는 그렇지 않다. 태도는 설명 이전에 이미 반응으로 드러난다. 무심코 보이는 표정, 책임 앞에서의 몸짓, 공이 생겼을 때의 거리두기, 문제가 생겼을 때의 침묵이나 개입. 이런 장면들은 연출되지 않는다. 태도는 말보다 먼저 움직이고 말보다 오래 남는다.

사람을 오래 지켜보면 말보다 반복이 더 많은 것을 말해준다는 사실을 알게 된다. 어떤 이는 늘 적절한 단어를 골라 말하지만, 선택의 순간마다 책임을 비켜 간다. 또 어떤 이는 설명은 서툴지만, 같은 자리에서 같은 태도를 유지한다. 처음에는 후자가 눈에 띄지 않는다. 그러나 시간이 쌓이면 설명하지 않아도 이 사람은 어떤 상황에서도 크게 달라지지 않는다는 것을 알게 된다.

공적인 영역에서는 이 차이가 더욱 선명해진다. 처음에는 존재감이 크지 않았던 사람이 있다. 그는 회의에서 말을 많이 하지 않았고 자신의 입장을 앞세우지도 않았다. 그러나 결정이 필요한 순간마다 자리를 피하지 않았고 문제가 생기면 늘 앞에 섰다. 반대로 성과가 생기면 한발 물러났다. 시간이 흐르자 사람들은 그를 따로 설명하지 않았다. "그 사람은 믿을 수 있다"는 말이면 충분했다. 태도가 이미 그의 자기소개가 되었기 때문이다.

태도를 선택하는 일에는 언제나 오해가 따른다. 말이 적으면 소극적으로 보이고 감정을 절제하면 차갑다는 평가를 받는다. 즉각 반응하지 않으면 능력이 부족해 보일 수도 있다. 태도는 즉시 보상받지 않는다. 그러나 태도를 지키는 사람은 단기적인 평가보다 긴 시간을 통과하는 신뢰를 선택한다. 지금의 박수보다 시간이 지나도 바뀌지 않는 기준을 택한다. 그래서 태도는 느리지만 쉽게 무너지지 않는다.

문학 속에서 오래 남는 인물들 역시 태도로 기억된다. 그들은 자신을 장황하게 설명하지 않는다. 감정을 과시하지도 않는다. 대신 같은 자리에서 같은 선택을 반복한다. 체호프의 인물들이 그렇다. 그는 말하지 않는다. 그러나 결정의 순간마다 물러서지 않는다. 독자는 그의 논리보다, 끝까지 유지된 태도를 기억한다. 그 반복이 인물을 만든다.

태도는 가장 비효율적인 자기소개처럼 보일 수 있다. 설득하지 않고 자신을 드러내지 않으며 즉각적인 성과를 약속하지 않기 때문이다. 그러나 공동체는 결국 태도로 작동한다.

말은 흘러가지만, 태도는 남는다. 태도가 쌓이면 신뢰가 되고, 신뢰는 설명 없이도 사람을 움직인다. 그래서 중요한 자리로 갈수록, 태도는 더 큰 힘을 갖는다.

사람을 평가할 때 무엇을 말했는지보다 무엇을 반복했는지가 더 많은 것을 알려준다. 불리한 순간에도 태도를 유지했는지, 책임이 필요한 장면에서 자리를 지켰는지 기준을 상황에 따라 바꾸지 않았는지. 이런 반복은 결국 하나의 설명이 된다. 그리고 그 설명은 말보다 오래 남는다.

태도는 가장 느린 자기소개다. 그러나 한 번 쌓이면, 가장 정확한 자기소개다. 말이 사라진 뒤에도 남아 있는 것, 시간이 지나도 흔들리지 않는 것.

사람은 결국 그 태도로 기억된다.

2부

말과 침묵 사이에서

"어떤 침묵은 판단의 결과이며,
어떤 침묵은 오히려 책임의 다른 형태다."

- 침묵은 빈 공간이 아니라 결정을 담는 그릇이다.

말이 많을수록 가벼워지는 것들

말이 많다는 것은
어떤 결정을 미루고 있다는 신호다.

말이 많다는 것은 흔히 적극성으로 해석된다. 회의에서 먼저 입을 여는 사람, 설명을 길게 이어 가는 사람, 침묵을 견디지 못하는 사람이 상황을 이끄는 것처럼 보인다. 말은 즉각적인 존재감을 만든다. 그래서 우리는 말이 많은 사람을 중심에 놓고 조용한 사람을 주변으로 밀어낸다. 그러나 실제로 무게를 남기는 순간은 대개 그 반대다. 말이 쌓이던 장면이 아니라 말이 멈췄던 지점에서 방향이 정리된다.

말은 원래 생각을 전달하기 위한 수단이다. 하지만 어느 순간부터 말은 전달이 아니라 방어의 기능을 맡는다. 자신의 판단을 정당화하기 위해, 책임을 분산시키기 위해 결정을 늦추기 위해 말이 늘어난다. 문장은 점점 길어지고 표현은 세련되지만, 핵심은 희미해진다. 말이 많아질수록 판단은 보류되고 판단이 보류될수록 책임의 위치는 흐려진다. 이때 말은 설명이 아니라 가림막이 된다.

나는 어떤 자리에서 말이 갑자기 늘어나는 순간을 유심히 보게 되었다. 대개 그때는 기준이 명확하지 않을 때였다. 기준이 분명한 사람은 길게 설명하지 않는다. 어디까지 허용되는지 무엇을 넘지 않겠다는 선이 이미 정리되어 있기 때문이다. 반대로 기준이 흔들릴수록 말은 늘어난다. 말로 상황을 관리하려 하고 말속에 결정을 숨긴다. 말이 많다는 것은 생각이 많다는 뜻이 아니라 결정을 유예하고 있다는 신호에 가깝다.

공적인 논의의 장에서는 이 장면이 더 분명해진다. 쟁점이 명확할수록 말은 줄어들어야 한다. 그러나 현실에서는 오히려 말이 붙어난다. 수치와 사례가 쏟아지고 논리가 겹겹이 얽힌다. 논의는 풍성해 보이지만, 결론은 나오지 않는다. 모두가 말하고 있으나 아무도 책임지지 않는다. 말이 늘어날수록 판단의 무게는 나뉘고 책임은 공중으로 흩어진다.

동양 사상은 오래전부터 이 위험을 경계해 왔다. 공자는 군자를 "말은 더디고 행동은 민첩한 사람"으로 그렸다. 노자는 말을 많이 할수록 스스로를 곤란하게 만든다고 했다. 장자는 목적을 얻었다면 말은 잊으라고 했다. 이 문장들은 침묵을 미덕으로 삼으라는 뜻이 아니다. 말이 책임을 대신하지 못한다는 경고다. 말은 선택을 대신할 수 없고, 설명은 결단을 대체할 수 없다는 통찰이다.

서양 문학에서도 비슷한 장면이 반복된다. 도스토예프스키의 인물들 가운데 말을 과도하게 늘어놓는 이들은 대개 이미 내부에서 균열이 시작된 사람들이다. 그는 끊임없이 자신을 변호하고 선택의 이유를 언어로 덧칠한다. 그러나 그 말들은 진실을 분명히 하기보다 오히려 흐린다. 말은 판단을 돕지 못하고 책임을 미루는 장치로 작동한다. 독자는 그의 말이 많아질수록 신뢰를 거둔다.

반대로 신뢰를 얻는 인물은 말의 양이 아니라 말의 사용법이 다르다. 그는 침묵으로 모든 것을 해결하지는 않지만, 말이 필요 없는 순간을 정확히 안다. 그래서 그의 한 문장은 설명이 아니라 결정에 가깝다. 말이 적기 때문에 무게가 생기는 것이 아니라 말을 남용하지 않기 때문에 신뢰가 쌓인다. 언어는 절제될 때 비로소 힘을 갖는다.

말이 많아질수록 가벼워지는 것은 말만이 아니다. 판단도, 약속도, 책임도 함께 가벼워진다. 반복되는 설명은 약속을 대신하고 긴 해명은 결단을 미룬다. 반대로 말이 줄어들면 남는 것들의 밀도는 높아진다. 기준은 또렷해지고 책임의 방향은 분명해진다. 그래서 중요한 자리에 갈수록 말은 줄어들어야 한다.

침묵이 언제나 옳은 것은 아니다. 말해야 할 순간에 침묵하는 것은 또 다른 회피다. 그러나 필요 이상의 말 역시 책임을 피하는 방식이다. 말을 덜 하는 것은 아무 말도 하지 않겠다는 뜻이 아니라 말 이후의 행동으로 답하겠다는 선택이다. 말은 사라지지만, 지켜진 말은 남는다.

결국 무게는 말의 양이 아니라, 말 이후에 무엇이 남았는가로 결정된다. 말을 줄인 자리에 남는 것들—기준, 책임, 행동—그것들이 한 사람의 깊이를 만든다. 말이 많을수록 가벼워지는 이유는 단순하다. 말이 너무 많은 자리에 책임이 머물 공간이 없기 때문이다.

침묵이 비겁이 아닐 때

침묵은 회피가 아니라
책임을 준비하는 선택이다.

침묵은 자주 오해받는다. 말하지 않는 태도는 회피로 읽히고 조용히 있는 선택은 책임을 지지 않으려는 행동처럼 보인다. 우리는 오랫동안 말하는 사람에게 용기를 부여해 왔으며 침묵하는 사람에게는 소극성이라는 이름을 붙여 왔다. 그래서 침묵은 쉽게 비겁과 같은 선상에 놓인다. 그러나 모든 침묵이 도망은 아니다. 어떤 침묵은 판단의 결과이며, 어떤 침묵은 오히려 책임의 다른 형태다.

말하지 않는 것이 가장 쉬운 선택처럼 보일 때가 있다. 논쟁이 격해질수록 한발 물러나면 당장은 편해진다. 감정도 다치지 않고, 관계도 흔들리지 않는 것처럼 느껴진다. 그러나 그 침묵이 기준 없이 선택되었을 때, 그 대가는 반드시 돌아온다. 말해야 할 순간에 말을 하지 않은 책임은 결국 더 큰 설명과 더 무거운 부담으로 되돌아온다. 그래서 침묵은 언제나 용기와 맞닿아 있다. 침묵이 비겁이 되느냐, 단단함이 되느냐는 그 침묵이 어디에 서 있는지에 달려 있다.

나는 침묵이 가장 위험해 보이는 순간들을 여러 번 보아 왔다. 모두가 흥분해 말의 수위를 높일 때, 공기는 자연스럽게 소리 큰 쪽으로 쏠린다. 그때 침묵은 존재감이 없고 때로는 동의로 오해받는다. 아무 말도 하지 않으면 책임을 회피하는 사람처럼 보이기도 한다. 그래서 많은 사람들은 생각이 정리되지 않았어도 일단 말을 보탠다. 침묵보다 말이 안전해 보이기 때문이다.

그러나 시간이 지나고 나면 결과는 달라진다. 충분히 숙고하지 않은 말은 쉽게 번복되고 감정에 휩쓸린 발언은 관계를 망친다. 반면 말을 아꼈던 사람은 뒤늦게라도 정확한 판단을 남긴다. 그는 즉각적인 반응 대신 판단의 시간을 선택했다. 그 선택은 결과적으로 더 큰 책임을 감당하는 방식이 된다. 침묵은 아무것도 하지 않는 상태가 아니라, 판단을 미루는 행위다.

동양철학에서 침묵은 무기력의 상징이 아니었다. 노자는

'말하지 않음으로써 다스린다'고 했다. 이는 상황을 방치하라는 뜻이 아니라 불필요한 개입으로 질서를 흐리지 말라는 경고에 가깝다. 공자 역시 경솔한 말을 군자의 덕목과 멀리 두었다. 말이 빠를수록 실수는 늘고 침묵할수록 판단은 단단해진다는 것을 그는 이미 알고 있었다. 침묵은 무책임이 아니라 절제였다.

현실에서도 침묵하는 사람은 종종 오해받는다. 그는 감정을 길게 설명하지 않고, 자신의 입장을 앞세워 변명하지도 않는다. 그래서 처음에는 차갑다는 평가를 받기도 하고, 책임을 피한다는 오해를 사기도 한다. 그러나 시간을 두고 지켜보면 그 침묵의 성격이 드러난다. 그는 말을 아낀 것이 아니라 판단을 서두르지 않았던 사람이다. 침묵했기 때문에 흔들리지 않았고 침묵했기 때문에 기준을 지킬 수 있었다는 사실이 뒤늦게 확인된다.

침묵이 비겁이 아닌 순간은 분명하다. 말하지 않음이 기준을 지키기 위한 선택일 때다. 상황을 덮기 위해, 갈등을 피하기 위해 침묵하는 것은 회피다. 그러나 더 정확한 판단을 위해, 더 큰 책임을 감당하기 위해 말을 미루는 침묵은 다르다. 그 침묵은 관계를 피하지 않는다. 오히려 관계를 오래 남긴다.

중요한 것은 침묵 이후다. 침묵은 영원할 수 없다. 판단이 서면 말해야 한다. 다만 그 말은 즉각적인 반응이 아니라, 준비된 결정이어야 한다. 침묵은 말을 없애는 것이 아니라 말을 정제하는 과정이다. 그래서 침묵은 말의 반대가 아니라 말의 조건에 가깝다. 충분한 침묵을 거친 말은 설명이 아니라 책임이 된다.

우리는 종종 빠른 반응을 용기로 착각한다. 그러나 모든 용기가 소리로 드러나는 것은 아니다. 때로는 침묵을 선택하는 것이 가장 큰 용기다. 오해받을 가능성을 감수하고, 당장의 주목을 내려놓는 일. 그 불편함을 견디는 힘이 없으면 침묵은 유지되지 않는다.

나는 이제 침묵을 두려워하지 않는다. 대신 스스로에게 묻는다. 지금의 침묵이 편해서인지 아니면 책임을 준비하기 위한 것인지. 침묵이 비겁이 아닐 때는 분명하다. 그 침묵이 결국 더 정확한 말로 이어질 때 더 단단한 선택으로 돌아온다. 말과 침묵 사이에서 우리는 늘 선택하고 있다. 그리고 그 선택이 한 사람의 태도를 만든다.

농담에도 선이 있다

농담은 가벼울 수 있어도
그 책임은 가벼워지지 않는다.

농담은 가장 쉽게 오해되는 말이다. 웃음을 전제로 하기에 책임도 함께 가벼워진다고 여겨진다. "그냥 웃자고 한 말"이라는 표현은 말의 무게를 덜어내는 데 자주 사용된다. 그러나 말은 농담의 형식을 빌려도 여전히 말이다. 누군가에게 닿고, 남고, 관계의 결을 바꾼다. 웃음이 있었다는 사실만으로 그 말이 남긴 흔적까지 사라지지는 않는다.

나는 여러 자리에서 농담이 만들어내는 미묘한 균열을 보아 왔다. 강의실에서는 교수의 한마디가 분위기를 바꾸고 조직에서는 리더의 말 한 줄이 공기를 바꾼다. 공적인 자리일수록 말은 개인의 표현을 넘어 기준이 된다. 사적인 관계에서의 유머는 맥락 안에서 소화되지만, 공적인 언어는 그 자체로 해석되고 기록된다. 그래서 같은 말이라도 누가 어디에서 했는지에 따라 전혀 다른 무게를 갖는다.

문제가 되는 것은 농담의 형식이 아니라 방향이다. 웃자고 던진 말이 누군가의 처지, 약한 위치, 이미 불리한 조건을 건드릴 때 농담은 곧 평가가 된다. 웃는 사람이 있는 만큼 웃지 못하는 사람이 생긴다. 농담이 성립하는 순간 누군가는 웃음의 주체가 아니라 대상이 된다. 그리고 그 대상이 누구였는지는 시간이 지나도 쉽게 지워지지 않는다.

조직 안에서 농담은 종종 관계를 빠르게 정리하는 도구로 쓰인다. 분위기를 풀고 어색함을 넘기고 긴장을 낮추는 데 효과적이기 때문이다. 그러나 동시에 농담은 가장 손쉬운 위계의 표현이 되기도 한다. 위에 있는 사람이 던진 농담은 분위기가 되지만, 아래에서 같은 말을 하면 무례가 된다. 웃음은 중립적이지 않다. 대개 힘이 있는 쪽에서 없는 쪽으로 흐른다.

농담의 가장 어려운 지점은 그것을 받아내는 사람에게 선택권이 거의 없다는 데 있다. 웃지 않으면 예민한 사람이 되고 웃으면 스스로를 낮춘 사람이 된다. 농담은 상대에게 두 가지 선택만 남긴다. 받아들이거나, 고립되거나. 그 사이에는 존중이라는 선택지가 놓이지 않는 경우가 많다. 그래서 농담은 가볍지만, 결코 가볍게 다뤄질 수 없다.

나는 농담이 나쁜 것이라고 생각하지 않는다. 문제는 농담을 던지는 태도다. 웃음을 만들겠다는 의도가 아니라 그 웃음이 어떤 구조 위에서 작동하는지를 살피는 감각. 이 말이 관계를 부드럽게 만드는지 아니면 사람을 가볍게 만드는지 스스로 묻는 태도다. 농담 뒤에 상대가 스스로를 설명해야 한다면, 이미 그 말은 부담이 되었다.

또 하나 중요한 지점은 농담이 반복될 때 만들어지는 문화다. 한 번의 말은 해프닝으로 지나갈 수 있지만, 같은 방향의 농담이 누적되면 그것은 개인의 취향이 아니라 조직의 분위기가 된다. 누군가는 늘 웃음의 중심에 서고, 누군가는 늘 웃음의 가장자리에 머문다. 이 구조가 굳어질수록 사람들은 점점 말하지 않게 되고 웃음은 많아지지만, 대화는 줄어든다. 농담이 많아질수록 조직이 가벼워지는 것이 아니라 말하지 못하는 영역이 늘어나는 것이다. 그래서 농담의 문제는 개별 표현이 아니라, 그것이 허용되는 반복의 방향에 있다.

공적인 역할에 있을수록 말은 더 많은 사람에게 영향을 미친다. 그래서 나는 농담 앞에서 한 번 더 멈추게 되었다. 이 말이 지금 꼭 필요한지 웃음이 끝난 뒤에도 이 관계가 그대로 남을 수 있는지. 웃음이 기준을 대신하게 두지 않는 것이 공적인 언어를 다루는 사람의 책임이라고 믿게 되었기 때문이다.

그렇다고 농담하지 않는 것이 꼭 해답은 아니다. 그러나 농담을 던지기 전에 멈출 줄 아는 태도는 필요하다. 웃음이 지나간 자리에 무엇이 남을지를 살피는 일. 농담은 사라지지만, 태도는 남는다. 그리고 그 태도는 시간이 지나 더 분명해진다.

나는 이제 웃음의 크기보다, 웃음이 지나간 뒤의 공기를 본다. 누군가는 편안해졌는지 누군가는 더 조용해졌는지. 농담에도 선이 있다. 그 선을 아는 사람은 웃음을 남기고 모르는 사람은 상처를 남긴다. 공적인 자리에 있을수록 그 차이는 더 오래 기억된다.

말하지 않아도 되는 것을
말하지 않는 용기

용기는 소리 나는 방향에만 있지 않다.
말이 먼저 나오면 판단력은 흐려진다.

　용기라는 말은 대개 소리와 함께 떠오른다. 침묵을 깨고 나
서는 사람, 불편한 진실을 꺼내는 사람, 분위기를 감수하며 말
하는 사람에게 우리는 용기라는 이름을 붙인다. 물론 그런 장
면이 필요할 때도 있다. 그러나 삶의 많은 국면에서 더 어려운
선택은 반대편에 놓여 있다. 말할 수 있지만 말하지 않는 것,
말하면 분명해질 수 있지만 굳이 그러지 않는 선택이다.

　말은 생각보다 쉽게 시작된다. 특히 내가 옳다고 느낄수록,
상황을 잘 알고 있다고 믿을수록, 말은 자연스럽게 늘어난다.
설명하고 싶어지고 정리해 주고 싶어지고, 때로는 바로잡고
싶어진다. 그러나 말이 늘어나는 순간, 우리는 종종 질문을

건너뛴다. 이 말이 정말로 필요한가, 아니면 지금의 불편함을 견디지 못해 내뱉는 말인가. 그 차이를 구분하지 못하면 말은 판단이 아니라 배출이 된다.

경험상 많은 말은 문제를 해결하기보다 관계의 온도를 바꾼다. 설명은 상대를 이해시키는 대신 방어적으로 만들고, 해명은 오히려 오해를 확장시키기도 한다. 이미 결론이 난 사안에 덧붙는 말, 감정이 격해진 상황에서의 추가 설명, 굳이 평가하지 않아도 될 순간의 솔직함은 대부분 상황을 낫게 만들지 않는다. 말이 많아질수록 핵심은 흐려지고, 감정은 쉽게 번진다.

말하지 않는 선택은 그래서 쉽지 않다. 침묵은 언제나 오해의 여지를 남기기 때문이다. 아무 말도 하지 않으면 무관심해 보일 수 있고 판단을 유보하면 책임을 피하는 사람처럼 보일 수도 있다. 그래서 사람들은 말로 자신을 증명하려 한다. 그러나 시간이 지나 돌아보면, 꼭 필요하지 않았던 말들이 관계를 복잡하게 만든 경우가 훨씬 많다.

말하지 않기 위해서는 오히려 더 많은 사고가 필요하다. 이 말이 누구에게 닿을지 지금 이 순간에 어떤 파장을 만들지, 그리고 그 파장이 내가 감당할 수 있는 것인지를 따져야 한다. 이 과정을 거치다 보면 자연스럽게 걸러지는 말들이 있다. 사실이지만 군이 지금 말할 필요는 없는 것, 정확하지만 관계를 상하게 할 가능성이 큰 것, 솔직하지만 문제를 해결하지 않는 말들이다. 이런 말들은 대개 하지 않아도 되는 말이다.

신뢰를 쌓는 사람들의 공통점은 말을 적게 한다는 데 있지 않다. 그들은 말을 선택한다. 모든 장면에 반응하지 않고 모든 감정에 즉각 응답하지 않는다. 대신 꼭 필요한 순간에만 말한다. 그래서 그들의 말은 설명이 아니라 기준처럼 작동한다. 말이 적어서가 아니라 불필요한 말을 통과시키지 않았기 때문에 무게가 생긴다.

갈등의 한가운데서 이 용기는 더 시험받는다. 상대의 말이 거칠수록 나도 같은 방식으로 대응하고 싶은 충동이 생긴다. 그때 말을 멈추는 것은 패배가 아니다. 감정을 한 박자 늦추는 선택이다. 말을 줄이면 감정은 확산이 되지 않고, 감정이 가라앉아야 판단이 서게 된다. 판단이 서야 비로소 관계와 기준을 동시에 지킬 수 있다.

물론 침묵이 언제나 옳은 것은 아니다. 말해야 할 순간에 말하지 않는 것은 책임을 방기하는 일이다. 그러나 말하지 않아도 되는 것을 군이 말하지 않는 태도 역시 분명한 책임이다. 관계를 불필요하게 상하게 하지 않을 책임, 상황의 온도를 높이지 않을 책임, 그리고 말이라는 도구의 가치를 지킬 책임이다. 이 책임은 눈에 띄지 않지만, 시간이 지나면 결과로 드러난다.

나는 이제 말을 잘하려 애쓰기보다는 말을 덜 해도 되는 순간을 분별하려 한다. 지금 이 말이 상황을 앞으로 나아가게 하는지 아니면 나 자신의 감정을 가볍게 하기 위한 것인지 스스로에게 묻는다. 말하지 않음으로써 더 많은 것을 지킬 수 있다면, 그 선택은 결코 비겁하지 않다.

말하지 않아도 되는 것을 말하지 않는 용기. 그것은 가장 조용한 선택이지만, 가장 많은 것을 남기는 태도다.

사과할 줄 아는 사람

사과는 신뢰를 잃는 것이 아니라
신뢰를 회복하는 행위다.

사과는 말처럼 쉬운 행위가 아니다. "미안합니다"라는 한 문장을 입 밖으로 내는 데에는 생각보다 많은 조건이 필요하다. 자신의 잘못을 인정해야 하고 관계의 우위를 내려놓아야 하며, 무엇보다 그 이후의 결과를 감당할 준비가 되어 있어야 한다. 그래서 사람들은 사과를 미룬다. 침묵하거나 설명으로 대신하거나, 상황을 관리하는 말로 빠져나간다. 사과하지 않는 선택은 순간을 넘기는 데에는 도움이 되지만, 관계를 남기지는 못한다.

사과가 어려운 이유는 분명하다. 사과는 패배처럼 느껴지기 때문이다. 특히 책임이 따르는 위치에 있을수록 이 감각은 더 강해진다. 잘못을 인정하는 순간 권위가 흔들릴 것 같고, 신뢰를 잃을 것 같다는 두려움이 앞선다. 그래서 사람들은 사과 대신 변명을 선택한다. 의도를 설명하고 맥락을 보충하고, 오해를 바로잡으려 한다. 그러나 설명이 길어질수록 사과는 점점 멀어진다.

나는 시간이 지나며 한 가지를 분명히 알게 되었다. 사과는 신뢰를 잃는 행위가 아니라 신뢰를 회복하는 행위라는 사실이다. 진짜 신뢰는 완벽함에서 나오지 않는다. 실수 앞에서 어떤 태도를 보이느냐에서 만들어진다. 잘못이 없어서 존중받는 사람보다 잘못을 인정하고 책임지는 사람이 더 오래 기억된다.

그럼에도 우리는 공적인 자리에서 정반대의 장면을 반복해서 본다. 국회의원이나 권력의 중심에 선 사람들이 명백한 문제 앞에서도 사과를 미루고 끝까지 버티는 모습이다. 의혹은 커지고 설명은 길어지지만, 사과는 나오지 않는다. 대신 "사실과 다르다", "정치적 의도다", "기억이 나지 않는다"는 말들이 이어진다. 언어는 늘어나지만, 책임은 보이지 않는다.

이런 태도는 순간적으로는 시간을 벌어 준다. 그러나 그 시간은 신뢰를 회복하는 시간이 아니라 신뢰가 마모되는 시간이다. 사람들은 실수 자체보다 그 이후의 태도를 더 오래 기억한다. 사과하지 않는 선택은 강해 보일 수 있지만, 결국 남는 것은 책임을 회피했다는 인상이다. 설명으로 버틴 사람보다, 사과로 멈춘 사람이 더 빨리 회복한다는 사실을 우리는 이미 여러 번 확인해 왔다.

문제는 이 장면이 반복된다는 데 있다. 사과하지 않는 태도가 개인의 성향을 넘어 하나의 '전략'처럼 작동할 때, 사회는 둔감해진다. 버티면 된다는 신호, 말하지 않아도 시간이 해결해 준다는 학습이 쌓인다. 그 결과 사과는 점점 사라지고 대신 계산된 침묵과 길어진 해명이 자리를 차지한다. 사과의 부재는 단순한 태도의 문제가 아니라 공공의 기준을 조금씩 낮추는 과정이다. 사람들이 분노하는 이유는 실수 그 자체보다 그 실수 앞에서 아무 일도 없었던 것처럼 행동하는 태도 때문이다.

사과에는 조건이 있다. 먼저, 사과는 설명보다 앞서야 한다. "그럴 의도는 아니었다"는 말은 사과가 아니다. "오해가 있었다"는 말도 사과가 아니다. 그 말들은 상대의 감정보다 자신의 입장을 먼저 세운다. 사과는 이유를 붙이지 않을 때 비로소 사과가 된다. 잘못이 무엇이었는지, 그로 인해 어떤 불편을 만들었는지를 먼저 인정하는 태도다.

둘째, 사과는 감정이 아니라 책임을 향해야 한다. "마음이 불편하셨다면 죄송하다"는 말은 감정의 영역에 머문다. 그러나 사과는 결과를 향해야 한다. 무엇을 잘못했고 무엇을 바꾸겠다는 것인지가 분명해야 한다. 그래야 사과는 관계를 회복하는 언어가 된다.

셋째, 사과는 타이밍을 놓치지 않아야 한다. 너무 빠른 사과는 상황을 가볍게 만들고 너무 늦은 사과는 진정성을 잃는다. 사과는 상대가 상처를 설명하기 전에 나와야 한다. 상대가 말을 시작한 뒤의 사과는 종종 방어로 들린다. 먼저 말하는 용기, 그것이 사과의 품격을 결정한다.

사과할 줄 아는 사람은 자신의 위치를 정확히 안다. 그는 사과가 자신을 낮추는 행위가 아니라 관계를 바로 세우는 선택임을 안다. 그래서 사과를 거래처럼 사용하지 않는다. 용서를 조건으로 내걸지 않고, 이해를 요구하지도 않는다. 사과는 받아들여질 수도 있고, 거부될 수도 있다. 그 결과까지 감당하겠다는 태도, 그것이 사과의 완성이다.

나는 이제 사람을 볼 때, 그가 얼마나 말을 잘하는지보다 사과를 어떻게 하는지를 본다. 변명 없이 사과하는지 사과 뒤에 행동이 따르는지 같은 실수를 반복하지 않으려는 노력이 있는지. 그런 사람은 결국 신뢰를 남긴다. 사과할 줄 아는 사람은 약한 사람이 아니다. 그는 책임을 감당할 준비가 된 사람이다. 그리고 그런 사람만이 관계를 잃지 않는다.

변명하지 않는 언어

변명은 방향을 흐리게 하고
책임은 방향을 바로 세운다.

사람은 누구나 실수한다. 문제는 실수의 크기가 아니라, 그 실수 앞에서 어떤 언어를 선택하느냐다. 같은 잘못을 두고도 어떤 사람은 신뢰를 잃고 어떤 사람은 오히려 신뢰를 회복한다. 그 차이를 만드는 것은 말의 기술이 아니라 태도의 방향이다. 변명은 그 방향을 흐리게 하고 책임은 그 방향을 바로 세운다.

변명은 대개 합리적인 얼굴을 하고 등장한다. "그럴 수밖에 없는 상황이었다", "의도는 그렇지 않았다", "구조적인 한계가 있었다." 이 말들은 사실일 수도 있다. 그러나 변명의 공통점은 책임의 주어가 언제나 자기 밖에 있다는 점이다.

상황, 제도, 타인, 환경은 등장하지만 '나'는 빠져 있다. 그래서 변명은 설명처럼 들리지만, 실제로는 책임을 밀어내는 언어에 가깝다.

정치와 입법의 영역에서는 이 언어가 더욱 자주 반복된다. 국회의 입법은 다수결을 중심으로 움직인다. 당의 시각에 따라 같은 사안이 전혀 다른 의미를 갖고, 숫자가 판단을 대신하는 순간도 적지 않다. 법은 통과되고 시간이 흐르며 그 결과가 사회에 드러난다. 예상하지 못한 피해가 발생하고 제도의 빈틈이 사람들의 삶을 직접 건드린다. 그때 우리는 익숙한 장면을 목격한다. "당시로서는 최선이었다", "취지는 좋았다", "야당의 반대가 심했다." 이 말들은 설명이지만, 책임의 언어는 아니다.

악법이 남기는 상처는 추상적이지 않다. 누군가는 보호받지 못했고 누군가는 제도 밖으로 밀려났다. 그 앞에서 이어지는 변명은 상처 위에 덧붙여지는 또 하나의 무책임이다. 의도는 결과를 대신할 수 없으며 절차는 고통을 상쇄하지 못한다. 이 지점에서 필요한 것은 해명이 아니라 인정이다. "이 결정에 내가 참여했고, 그 결과에서 자유롭지 않다"는 말. 정치적으로는 불리할 수 있지만, 사회적으로는 신뢰를 회복하는 출발점이 된다.

행정의 현장에서도 변명은 쉽게 등장한다. 규정, 절차, 관행은 종종 방패가 된다. 그러나 시민에게 남는 것은 설명이 아니라 결과다. 왜 안 되는지보다, 왜 그 책임을 아무도 지지 않는지가 더 크게 다가온다. 변명은 조직을 보호하는 언어처럼 보이지만, 실제로는 조직의 신뢰를 조금씩 갉아먹는다. 반대로 책임을 인정하는 한 문장은 갈등을 즉시 해결하지 못하더라도 관계의 바닥을 무너지지 않게 만든다.

나는 시간이 지나며 한 가지를 분명히 알게 되었다. 사과와 책임은 결코 약함의 표시가 아니라는 사실이다. 오히려 책임을 회피하지 않는 태도가 사람을 더 단단하게 만든다. 변명하지 않는 언어는 자신을 보호하지 않기 때문에 위험해 보이지만, 장기적으로는 관계를 지켜낸다. 설명을 줄이고 책임을 늘리는 순간, 말의 무게는 달라진다.

일상의 관계에서도 마찬가지다. 변명은 순간을 모면하게 해 주지만, 기준을 흔든다. 반대로 "그건 내 판단이었다", "내가 책임지겠다"는 짧은 문장은 갈등을 즉시 끝내지 못하더라도 신뢰를 남긴다. 말이 짧아질수록 태도는 또렷해진다. 변명을 멈춘 자리에 기준이 선다.

동양철학은 오래전부터 이를 경고해 왔다. 공자는 『논어』에서 군자는 말이 앞서기보다 행동이 앞서야 한다고 했다.

노자는 『도덕경』에서 "말이 많아질수록 궁해진다"고 했다. 말은 판단을 대신할 수 없고, 설명은 선택을 대체할 수 없다는 오래된 통찰이다. 변명하지 않는 언어란 말을 아끼는 기술이 아니라, 책임을 감당하겠다는 결단에 가깝다.

변명하지 않는다는 것은 침묵하겠다는 뜻이 아니다. 말해야 할 순간에는 분명히 말하되, 그 말이 자신을 방어하기 위한 장치가 되지 않게 하는 것이다. 잘못을 인정하고 결과를 받아들이고 고치겠다고 말하는 것. 이 세 문장은 언제나 어렵지만, 공동체를 다시 세우는 언어다.

사람은 결국 말로 평가받지 않는다. 말 이후에 무엇을 감당했는지로 기억된다. 변명하지 않는 언어는 화려하지 않다. 그러나 그 언어가 쌓일수록 기준은 분명해지고 신뢰는 깊어진다. 품격은 말을 잘하는 능력이 아니라 책임을 회피하지 않는 태도에서 드러난다. 그리고 그 태도는 시간이 지날수록 더 단단해진다.

설명이 많아질 때
신뢰는 줄어든다

사람은 완벽한 이유를 원하는 것이 아니라,
분명한 태도를 원한다.

사람들은 흔히 설명을 많이 할수록 오해가 줄어든다고 믿는다. 충분히 말하지 않아서 문제가 생겼다고 생각하고 그래서 상황이 복잡해질수록 설명을 덧붙인다. 말은 길어지고 배경은 촘촘해지며, 맥락은 끝없이 이어진다. 그러나 이상하게도 그럴수록 신뢰는 회복되지 않는다. 오히려 설명이 길어질수록 사람들은 마음을 거둔다. 설명이 많아질 때, 신뢰는 줄어든다.

설명은 본래 이해를 돕기 위한 수단이다. 그러나 어느 순간부터 설명은 이해가 아니라 방어를 위한 장치로 변한다. 질문에 답하기보다 의심을 차단하기 위해 책임을 명확히 하기보다 흐리기 위해 말이 늘어난다. 설명이 길어질수록 핵심은 뒤로 밀리고 듣는 사람은 점점 피로해진다. 무엇이 문제였는지보다 왜 이렇게까지 말이 많아졌는지가 더 눈에 들어온다.

공적인 자리에서는 이 현상이 더욱 뚜렷하다. 정책이 실패했을 때 행정이 지연되었을 때 조직의 판단이 비판을 받을 때, 가장 먼저 등장하는 것은 긴 설명이다. 제도의 한계, 이전 관행, 외부 변수, 예측 불가능성. 설명은 정교하지만, 책임의 위치는 모호하다. 사람들은 그 설명을 듣고 이해하지 못하는 것이 아니라 믿지 않게 된다. 설명이 부족해서가 아니라 설명이 너무 많기 때문이다.

설명이 많아질 때 신뢰가 줄어드는 이유는 간단하다. 설명은 판단을 대신할 수 없기 때문이다. 사람들은 완벽한 이유를 원하는 것이 아니라 분명한 태도를 원한다. 무엇이 잘못되었는지 그 판단에 누가 책임지는지 앞으로 무엇이 달라질 것인지. 이 세 가지가 분명하다면 설명은 길 필요가 없다. 반대로 이 세 가지가 빠진 설명은 아무리 길어도 공허하다.

나는 조직과 공동체를 오래 지켜보며 한 가지 공통점을 발견했다. 신뢰받는 사람일수록 설명이 짧았다. 그는 모든 질문에 즉각 답하지 않았고 모든 비판에 반응하지도 않았다. 대신 자신의 판단이 어디에 있었는지 그 결과를 어떻게 감당할 것인지를 분명히 했다. 설명을 줄이고 책임을 앞세운 사람에게 사람들은 더 이상 이유를 묻지 않았다.

설명은 종종 성실함의 증거처럼 보인다. 그러나 설명이 성실해 보이는 순간은 그것이 기준과 함께 제시될 때뿐이다. 기준 없는 설명은 자기합리화로 오해받기 쉽다. 말을 많이 하는 사람보다, 말을 덜 하더라도 같은 태도를 유지하는 사람이 더 신뢰받는 이유다. 설명은 반복될수록 힘을 잃지만, 일관성은 반복될수록 신뢰를 만든다.

동양철학은 이 점을 일찍이 짚어냈다. 노자는 『도덕경』에서 "믿음이 부족하면 믿음도 부족해진다"고 했다. 말로 신뢰를 설득하려 들수록, 이미 신뢰가 부족하다는 신호가 된다는 뜻이다. 공자는 군자의 언어가 많지 않은 이유를 설명의 부족이 아니라 기준의 분명함에서 찾았다. 말이 적은 것은 설명을 아끼기 때문이 아니라, 판단을 숨기지 않기 때문이다.

설명이 많아질 때, 사람들은 본능적으로 묻는다. "그래서 결론은 무엇인가?" 그 질문에 답하지 못하는 설명은 신뢰를 회복하지 못한다. 반대로 결론이 분명한 사람은 설명이 부족해 보여도 신뢰를 얻는다. 설명이 짧아서가 아니라 책임의 방향이 또렷하기 때문이다.

물론 모든 설명이 불필요한 것은 아니다. 침묵이 무책임이 되는 순간도 있다. 그러나 설명이 필요할 때와 설명이 과잉이 되는 순간을 구분하지 못하면 말은 오히려 관계를 망친다. 설명이 많아질수록 신뢰가 줄어드는 이유는 그 설명이 사람을 향하지 않고 자신을 보호하기 위해 사용되기 때문이다.

나는 이제 설명을 들을 때 말의 양보다 그 이후를 본다. 그 설명이 어떤 행동으로 이어졌는지 같은 상황에서 같은 태도가 유지되었는지 불리한 순간에도 기준이 바뀌지 않았는지 설명은 흘러가지만, 태도는 남는다. 결국 신뢰는 이해의 문제가 아니라 축적의 문제다.

설명은 순간을 넘기게 해 주지만, 신뢰는 시간을 통과해야 만들어진다. 말을 덜 하겠다는 결심이 아니라 같은 선택을 반복하겠다는 각오. 그것이 설명보다 강한 언어다. 설명이 많아질수록 신뢰가 줄어든다는 사실은 우리가 말보다 태도를 더 믿는 존재라는 증거이기도 하다.

말의 끝에
책임을 남긴다는 것

누구나 말을 남길 수 있지만
책임은 선택한 사람만 남긴다.

　말은 쉽게 시작되지만 책임은 언제나 늦게 도착한다. 그래서 말의 가치는 말하는 순간이 아니라 말이 끝난 뒤에 드러난다. 어떤 말은 박수 속에서 사라지고 어떤 말은 시간이 지나도 사람들의 기억 속에 남는다. 그 차이는 문장의 설득력이나 표현의 유려함에 있지 않다. 말의 끝에 책임이 남아 있었는지 아니면 말만 남아 있었는지에 있다.

　책임이 없는 말은 가볍다. 그 말은 순간을 채우지만, 시간을 견디지 못한다. 국회의원이나 행정가의 입에서 우리는 수없이 많은 약속과 발언을 듣는다. "검토하겠다" "노력하겠다" "개선하겠다"는 말들은 익숙하다. 그러나 그 말들 가운데 실제로 끝까지 책임으로 이어지는 경우는 많지 않다. 말은 남았지만, 책임은 남지 않았기 때문이다.

말의 끝에 책임을 남긴다는 것은 말이 단순한 의견이 아니라 선택이었다는 사실을 인정하는 일이다. 말은 방향을 정하는 행위이며 그 방향에 자신을 묶는 약속이다. 그래서 책임 있는 말은 언제나 조심스럽다. 말을 하기 전에 한 번 더 생각하게 되고 말한 뒤에는 그 결과를 피하지 않게 된다. 책임이 따르는 말은 속도가 느릴 수밖에 없다. 그러나 그 느림이 신뢰를 만든다.

대통령비서실에서 일하며 이 사실을 가장 또렷하게 느낀 순간이 있다. 어린이날을 앞두고 대통령의 편지를 아이들에게 전달하는 일정이 잡혔다. 공식 일정으로 처리해도 되었고 서면 전달로 끝낼 수도 있었다. 그러나 우리는 아이들이 있는 현장을 직접 찾기로 했다. 편지는 말이었다. 축하의 언어였고 격려의 문장이었다. 하지만 그 말이 진짜가 되려면 누군가는 그 말을 듣고 움직여야 했다.

아이들을 직접 만나 편지를 전하며 나는 생각했다. 이 편지가 아이들에게 오래 남을지 아닐지는 문장의 아름다움이 아니라 '정말 와 주었는가'에 달려 있겠구나. 말은 종이에 적혀 있었지만, 책임은 사람의 발걸음으로 완성되고 있었다. 그날

아이들이 기억한 것은 문장의 구조보다, 찾아왔다는 사실 자체였다. 말은 전달되었고 책임은 현장에서 남았다.

그 경험 이후 나는 말의 끝을 다시 보게 되었다. 말은 언제든 할 수 있다. 문제는 그 말이 어디까지 나를 데려가는지다. 말의 끝에 책임을 남긴 사람은 말 이후의 시간을 감당할 준비가 되어 있다. 그래서 그의 말은 쉽게 바뀌지 않고 상황이 불리해져도 슬그머니 수정되지 않는다. 말의 끝이 행동으로 이어질 것을 알기 때문이다.

동양철학은 오래전부터 이 태도를 강조해 왔다. 공자는 말보다 행위를 통해 사람을 평가했다. 말과 행동이 어긋날 때 군자는 말을 줄이고 행동을 고친다고 보았다. 노자 역시 말이 앞서는 순간 도는 멀어진다고 경고했다. 책임 없는 말은 공동체를 어지럽히지만, 책임을 남긴 말은 질서를 만든다.

일상의 관계에서도 마찬가지다. 쉽게 던진 말 한마디가 오랜 신뢰를 무너뜨리기도 하고 신중한 한 문장이 갈등을 넘기는 다리가 되기도 한다. "내가 책임질게"라는 말은 그 자체로 무겁다. 그 말은 이후의 행동을 요구하고 선택의 폭을 줄인다. 그래서 많은 사람들은 그 말을 피한다. 그러나 바로 그 지점에서 신뢰는 갈린다.

말의 끝에 책임을 남긴다는 것은 완벽해지겠다는 약속이

아니다. 오히려 결과가 기대에 미치지 못할 수도 있다는 위험을 감수하겠다는 태도다. 그럼에도 불구하고 말한 것을 외면하지 않겠다는 결단. 그 결단이 쌓일 때 사람들은 더 이상 말을 의심하지 않게 된다.

나는 이제 어떤 말이 진심인지 그 순간에는 판단하지 않으려 한다. 대신 시간이 지나 그 말이 어디로 이어졌는지를 본다. 같은 기준이 유지되었는지 불리한 상황에서도 책임이 사라지지 않았는지. 말의 끝에 책임이 남아 있었다면 그 말은 이미 충분히 의미 있었다고 생각한다.

말은 흘러가지만 책임은 남는다. 그래서 책임을 남길 각오가 없는 말은 애초에 하지 않는 편이 낫다. 말의 수를 줄이고 말의 끝을 무겁게 만드는 것. 그것이 말이 품격을 얻는 방식이다. 말의 끝에 책임을 남기는 사람은 결국 신뢰를 남긴다. 그리고 그 신뢰는 어떤 설명보다 오래 버틴다.

3부

관계는 인간을 드러낸다

"사람은 관계 속에서 드러나고, 관계의 끝에서 기억된다"

- 신뢰는 완벽함이 아니라 끝까지 남아 있는 태도로 완성된다

약자에게 보이는 태도

사람을 판단하는 가장 정확한 순간은,
그가 힘이 없는 사람 앞에 섰을 때다.

　사람을 판단하는 가장 정확한 순간은 그가 힘이 없는 사람 앞에 섰을 때다. 말이 아니라 태도에서 원칙이 아니라 반응에서 인간의 진짜 얼굴이 드러난다. 우리는 흔히 능력이나 성과로 사람을 평가하지만, 시간이 흐를수록 더 분명해지는 기준은 따로 있다. 그가 약자를 어떻게 대하는지 불리한 위치에 있는 사람 앞에서 어떤 표정을 짓는지 그 순간의 태도가 그 사람을 설명한다.

　약자 앞에서의 태도는 계산되지 않는다. 상대가 나에게 어떤 이익을 줄 수 있는지 관계가 어디까지 이어질 수 있는지를 따질 필요가 없기 때문이다. 그래서 이 순간의 태도에는 연출이 없다. 존중은 자연스럽게 나오고 무시는 무의식처럼 드러난다. 권력 앞에서는 예의 바른 사람이 약자 앞에서는 무례해지는 이유도 여기에 있다. 보여 줄 필요가 없다고 느끼는 순간, 사람은 가장 솔직해진다.

사회복지 현장에서 이 장면은 더욱 노골적이다. 도움을 요청하는 사람은 이미 관계의 아래에 서 있다. 선택권이 없고, 설명해야 할 것이 많아서 늘 기다려야 하는 쪽이다. 이때 말을 건네는 방식 하나 눈을 마주치는 태도 하나가 관계의 성격을 결정한다. 같은 제도 같은 지원이라도 어떤 태도로 전달되느냐에 따라 사람은 존중받았다고 느끼기도 하고 모욕을 경험하기도 한다. 약자에게는 내용보다 방식이 더 오래 남는다.

나는 오랫동안 이에 대한 차이를 눈여겨보았다. 규정을 정확히 설명하면서도 사람을 지키는 태도가 있었고 규정을 내세우며 사람을 밀어내는 태도도 있었다. 둘 다 규칙을 따르고 있었지만, 결과는 전혀 달랐다. 전자는 신뢰를 남겼고 후자는 상처를 남겼다. 약자에게 필요한 것은 특별한 배려가 아니라 기본적인 존중이었다. 시혜의 언어가 아니라 동등한 인간으로 대하는 태도였다.

약자를 대하는 태도는 조직의 수준을 드러내기도 한다. 위에서 내려오는 말이 아무리 공정과 정의를 강조해도 현장에서 약자가 무시당한다면 그 조직의 언어는 공허해진다. 반대로 제도가 완벽하지 않더라도 사람을 대하는 태도가 지켜지면 공동체는 버텨 낸다. 결국 신뢰는 구조가 아니라 관계에서 쌓인다.

문학에서도 약자를 대하는 태도는 인물을 가르는 중요한 기준이다. 도스토예프스키의 소설에서 독자가 끝내 마음을 여는 인물은 언제나 힘없는 사람 앞에서 태도가 무너지지 않는 이들이다. 그는 세상을 바꾸지 못해도 한 사람을 함부로 대하지 않는다. 그 사소해 보이는 태도가 인물의 윤리를 만든다. 독자는 그의 말보다 그가 약자 앞에서 취한 자세를 기억한다.

우리는 종종 강한 사람에게 기대고 싶어 한다. 그러나 진짜로 오래 남는 신뢰는 강함이 아니라 태도에서 나온다. 약자를 존중하는 사람은 언젠가 자신이 약자가 되었을 때도 같은 기준을 요구할 수 있기 때문이다. 반대로 약자를 무시하는 태도는 언제든 방향을 바꿀 준비가 되어 있다. 힘의 위치가 바뀌면 태도도 함께 바뀐다. 그 유연함은 처세일 수는 있어도 품격은 아니다.

약자에게 보이는 태도는 결국 자신을 향한 태도이기도 하다. 힘이 있을 때 지킨 기준은 힘이 사라졌을 때 나를 보호한다. 그래서 이 태도는 도덕적 선택이기 이전에 현실적인 선택이다. 오늘 내가 어떤 사람 앞에서 어떤 태도를 취했는 지는 언젠가 내가 그 자리에 섰을 때 돌아온다.

관계는 인간을 드러낸다. 특히 위계가 분명한 관계일수록 그렇다. 약자에게 존중을 보이는 사람은 특별히 선해 보이려 하지 않는다. 그는 다만 같은 인간으로 대할 뿐이다. 그러나 그 단순한 태도가 공동체의 온도를 결정한다. 결국 사람은 자신보다 약한 사람을 대하는 방식으로 기억된다. 그 기억이 쌓여 한 사람의 품격이 된다.

갑과 을이라는
말이 생긴 이유

갑질은 권한의 문제가 아니라
그 사람이 가진 태도의 문제다.

　우리는 언제부터 사람을 '갑'과 '을'로 부르기 시작했을까.
계약서의 조항을 표시하던 기호가 어느새 사람의 위치를 설
명하는 말이 되었다. 이 단어가 일상어가 되었다는 사실 자
체가 이미 사회가 얼마나 깊이 위계에 익숙해졌는지를 보여
준다. '갑'과 '을'이라는 말은 단순한 역할 구분이 아니다. 힘
의 방향과 관계의 온도를 동시에 드러내는 언어다.

　최근 몇 년간 반복되는 장면은 이 단어가 왜 사라지지 않
는지를 분명히 보여 준다. 당에서 제명된 ㄱ의원, 장관직 인
사청문을 통과하지 못한 ㅇ후보자의 사례는 정책 실패보다
태도의 문제로 더 크게 기억된다. 보좌진을 대하는 방식, 권

한을 사용하는 태도, 사적인 자리에서 드러난 언행이 공적 자격을 판단하는 기준이 되었다. 이는 개인의 도덕성 검증을 넘어 권력이 어떤 태도를 요구받고 있는지에 대한 사회적 합의가 바뀌고 있음을 보여 준다.

갑질은 특별한 악의에서 시작되지 않는 경우가 많다. 오히려 "그럴 수도 있다"는 관용 속에서 자란다. 직급이 다르고, 책임이 다르고 결정권이 다르다는 이유로 태도의 기준까지 달라진다. 지시와 요청의 경계가 흐려지고 설명은 명령으로 바뀐다. 그 순간 상대는 협력자가 아니라 통제의 대상이 된다. 갑질은 권한의 문제가 아니라 태도의 문제다.

정치의 영역에서 이 태도는 더욱 위험하다. 공적 권한은 개인의 우월함이 아니라 시민의 위임으로 주어진다. 그러나 권한을 오래 다루다 보면, 위임과 소유의 경계가 흐려진다. 자신이 선택받았다는 사실이 자신이 위에 있다는 착각으로 바뀐다. 이 착각이 반복될 때, 말투는 거칠어지고 농담은 무례해지며 상대의 반응은 중요하지 않게 된다. 권력은 관계를 왜곡하고 그 왜곡은 갑질이라는 형태로 드러난다.

'갑'과 '을'이라는 말이 생긴 이유는 여기에 있다. 제도가 사람을 충분히 보호하지 못할 때, 사람들은 언어로 현실을 설명한다. 법과 규정이 막아주지 못한 위계를 말이 대신 고

발한다. "저 사람은 갑이니까", "우리는 을이라 어쩔 수 없어"라는 말은 체념처럼 들리지만, 동시에 구조에 대한 진단이다. 이 단어는 단순한 불평이 아니라 관계가 이미 기울어졌다는 신호다.

문제는 갑질이 항상 노골적으로 드러나지 않는다는 점이다. 회의에서 발언 기회를 주지 않는 태도, 질문을 불편함으로 취급하는 분위기, 반대 의견을 '버릇없음'으로 규정하는 말. 이런 작은 순간들이 쌓여 위계는 굳어진다. 갑질은 폭언으로만 나타나지 않는다. 침묵을 강요하고 선택지를 지우는 방식으로도 작동한다.

문학에서도 위계는 인물을 가르는 중요한 기준이다. 힘 있는 인물이 약자를 대하는 방식은 언제나 그 인물의 윤리를 드러낸다. 체호프의 작품에서 독자가 불편함을 느끼는 순간은 인물이 권력을 행사하는 장면이 아니라 그것을 아무렇지 않게 사용하는 순간이다. 그는 소리를 지르지 않아도 태도 하나로 관계를 무너뜨린다. 그 무심함이야말로 갑질의 본질이다.

'갑'과 '을'의 관계를 바꾸는 일은 제도만으로 해결되지 않는다. 법은 최소한의 안전망을 만들 수는 있지만, 태도까지 대신해 주지는 않는다. 결국 관계를 지키는 것은 개인의 선택이다. 권한을 가진 쪽이 먼저 기준을 낮추지 않는 것, 상대를 '아래'가 아니라 '다른 위치'로 인식하는 것. 이것이야말로 갑질을 멈추게 하는 가장 현실적인 방법이다.

나는 이제 누군가의 권한보다, 그가 권한을 사용하는 방식을 본다. 지시할 수 있을 때 요청하는지 무시해도 될 순간에 존중을 택하는지. 갑과 을이라는 말이 더 이상 필요 없는 관계는 힘의 크기가 아니라 힘이 흘러가는 방향에서 만들어진다. 이 단어가 사라질 수 있다면 그것은 제도가 완벽해져서가 아니라 사람이 달라졌기 때문일 것이다.

관계를 끊는 데에도
예의가 필요하다

예의 없는 단절은 관계를 끝내는 것이 아니라,
관계를 방치하는 일이다.

관계는 시작보다 끝에서 더 많은 것을 드러낸다. 함께 있을 때는 보이지 않던 태도가 떠나는 순간에는 숨길 수 없게 된다. 그래서 관계의 마지막 장면은 언제나 불편하다. 사람들은 그 불편함을 피하려 한다. 말을 줄이거나, 감정을 키우거나 혹은 아무 설명 없이 사라진다. 그러나 그렇게 피한 끝은 종종 더 큰 상처로 돌아온다.

우리는 관계를 맺는 법에 비해 관계를 끝내는 법을 거의 배우지 못했다. 좋아하는 마음을 표현하는 법은 배우지만, 더 이상 함께할 수 없을 때 어떻게 물러나야 하는지는 배운 적이 없다. 그래서 관계의 종료는 판단이 아니라 폭발이 되고,

정리는 선택이 아니라 파국이 된다. 예의 없는 단절은 관계를 끝내는 것이 아니라 관계를 방치하는 일에 가깝다.

이 지점에서 우리 사회의 높은 이혼율을 떠올리게 된다. 숫자만 놓고 보면 개인의 선택처럼 보이지만, 그 이면에는 공통된 결핍이 있다. 감정이 식었을 때 기대가 어긋났을 때 더이상 같은 방향을 보지 못할 때, 어떻게 말해야 하는지에 대한 학습이 거의 없다는 점이다. 많은 이혼이 갈등 그 자체보다, 갈등을 다루는 방식에서 더 깊은 상처를 남긴다는 사실은 우연이 아니다. 관계가 끝나는 순간까지도 상대를 어떻게 대해야 하는지 사회는 충분히 말해 주지 않았다.

관계를 끊는 데에도 예의가 필요하다는 말은 끝까지 참으라는 뜻이 아니다. 오히려 더 이상 지킬 수 없는 관계를 인정하고 그 사실을 감정이 아니라 태도로 처리하라는 의미다. 예의 있는 단절은 상대를 설득하지 않는다. 변명을 늘어놓지도 않는다. 다만 더 이상 함께할 수 없다는 판단을 책임 있게 전달한다. 말은 짧지만, 기준은 분명하다.

대통령실비서실에 행정관으로 들어온 사람들은 그것도 정권 초기에 들어온 사람들은 가급적이면 오래 행정관직에 머물고 싶어한다. 그럼에도 불가피한 인사 대상으로 분류되어 예상보다 빨리 비서실을 떠나야 하는 순간, 그 역할이 끝나는 자리에서 그가 남긴 태도는 그 사람에 대한 신뢰를 남긴다.

성과를 강조하며 떠나는 사람보다 관계를 정리하며 물러나는 사람이 오래 기억에 남는다. 떠나는 방식은 그 관계를 어떻게 생각했는지를 거꾸로 보여 준다. 예의 없는 퇴장은 깔끔해 보일 수 있지만, 공동체에는 설명되지 않은 공백만 남긴다.

문학 속에서도 이별의 장면은 인물의 윤리를 드러내는 순간이다. 체호프의 소설에서 인물들은 관계를 끊을 때 큰 소리를 내지 않는다. 그는 설명하지 않고, 상대를 몰아붙이지도 않는다. 대신 자리를 지키며 물러난다. 그 조용한 퇴장은 상대를 무너뜨리지 않으면서도 자신의 기준을 지킨다. 독자는 그 침묵 속에서 인물의 품격을 읽는다.

관계를 끊을 때 예의를 지킨다는 것은 상대를 배려하는 동시에 자신을 보호하는 일이기도 하다. 감정에 맡긴 단절은 순간의 해방감을 줄 수는 있지만, 시간이 지나면 후회로 돌아온다. 반대로 기준에 따른 단절은 시간이 지나도 설명할 수 있다. 왜 그 관계를 끝냈는지 어떤 선을 넘지 않기 위해 떠났는지를 스스로에게 납득할 수 있기 때문이다.

모든 관계에는 유효 기간이 있다. 그 사실을 인정하지 못할 때 관계는 점점 왜곡된다. 예의 있는 단절은 실패가 아니라 판단이다. 관계를 끊는 데에도 기준이 필요하고 그 기준을 지키는 태도가 품격을 만든다. 상대를 적으로 만들지 않으면서도, 자신을 소진 시키지 않는 선택. 그것이 가장 어려운 관계의 기술이다.

나는 이제 관계의 끝을 볼 때 그 사람을 더 또렷하게 이해하게 된다. 떠나는 방식이 성급한지, 정리되어 있는지, 감정을 남기지 않는지. 관계를 끊는 순간에도 태도를 지키는 사람은 다른 관계에서도 같은 기준을 유지할 가능성이 크다. 시작보다 끝에서 신뢰가 만들어지는 이유도 여기에 있다.

관계는 반드시 이어져야만 의미가 있는 것은 아니다. 그러나 끝날 때까지 존중받아야 의미가 있다. 관계를 끊는 데에도 예의가 필요하다는 말은 결국 사람을 끝까지 사람으로 대하겠다는 선언이다. 그 선언이 남긴 태도는 관계가 끝난 뒤에도 오래 남는다. 그리고 그 태도가 한 사람의 품격을 완성한다.

떠난 사람을 대하는 방식

함께한 시간보다
헤어진 뒤의 태도가 관계를 설명한다.

사람은 누구나 관계를 맺지만, 모든 관계가 끝까지 이어지지는 않는다. 어떤 관계는 자연스럽게 멀어지고, 어떤 관계는 갈등 속에서 정리된다. 떠나는 이유는 제각각이지만, 떠난 뒤의 태도는 놀랄 만큼 분명하게 남는다. 관계의 성격은 함께 있을 때보다, 관계가 끝난 이후에 더 또렷하게 드러난다.

우리는 종종 관계의 끝을 실패로 받아들인다. 그래서 떠난 사람을 부정하거나, 그 관계의 의미를 지워버리려 한다. 함께했던 시간마저 없었던 일처럼 만들고 싶어 한다. 그러나 관계는 성과물이 아니라 과정이다. 끝났다는 사실이 그 과정 전체를 무효로 만들지는 않는다. 떠난 사람을 어떻게 대하느냐는, 결국 내가 어떤 기준을 가진 사람인지를 보여주는 일이다.

조직에서도 이 장면은 반복된다. 함께 일하던 사람이 조직을 떠날 때, 우리는 흔히 두 극단 중 하나를 택한다. 하나는 불편함을 피하기 위해 냉정한 거리만 남기는 방식이고, 다른 하나는 감정을 과잉 해석해 뒷말로 관계를 정리하는 방식이다. 그러나 전자는 무책임하고, 후자는 미성숙하다. 떠난 사람을 대하는 데에는 또 다른 선택지가 있다. 감정을 과장하지 않되, 존중을 남기는 태도다.

나는 오랜 시간 사람을 보내는 자리에 서 있었다. 학교에서는 졸업이라는 이름으로 학생들을 보냈고, 조직에서는 이동과 퇴직을 겪었으며, 재단에서는 사정에 따라 함께하지 못하게 되는 순간들을 경험했다. 떠남의 이유는 모두 달랐지만, 떠난 뒤에 남는 감정은 놀랄 만큼 비슷했다. 정리되지 않은 말, 남겨진 오해, 필요 이상으로 날 선 평가들이 관계의 끝을 더 무겁게 만들었다.

떠난 사람을 존중한다는 것은 그 선택을 미화하거나 옹호하겠다는 뜻이 아니다. 때로는 그 결정이 아쉽고, 이해되지 않으며, 조직에 부담을 남기기도 한다. 그럼에도 불구하고 중요한 것은, 그 사람을 하나의 인격으로 대하는 태도를 잃지 않는 일이다. 관계가 끝났다고 해서 예의까지 끝나는 것은 아니다. 오히려 예의는 그 이후에 더 분명하게 요구된다.

사회는 종종 떠난 사람을 쉽게 재단한다. 마지막 장면 하나로 관계 전체를 덮어버리고, 결과만으로 과정을 평가한다. 그러나 사람은 한 장면으로 규정되지 않는다. 관계 역시 마찬가지다. 마지막이 불편했다고 해서, 그 이전의 신뢰와 노력까지 지워서는 안 된다. 떠난 사람을 깎아내리는 방식으로 자신을 정당화하는 순간, 우리는 관계의 실패를 태도의 실패로 바꾸고 만다.

특히 공적인 영역에서는 이 태도가 더 중요해진다. 정치와 행정, 조직의 세계는 사람의 이동이 잦은 공간이다. 오늘의 동료가 내일의 외부인이 되고, 오늘의 협력자가 다른 자리에서 다시 마주치기도 한다. 이때 떠난 사람을 적으로 만들지 않는 태도는 감정의 문제가 아니라 판단의 문제다. 관계를 끝내되 이후를 망치지 않는 선택, 그것이 성숙한 조직이 취하는 방식이다.

떠난 사람을 대하는 태도는 남아 있는 사람들을 향한 메시지가 되기도 한다. 누군가를 떠난 이유로 험담하거나 책임을 전가하는 조직은 내부의 신뢰도 빠르게 무너진다. 반대로 떠난 사람의 자리를 차분히 정리하고, 말의 온도를 낮추는 조직은 남은 사람들에게 안정감을 준다. 사람들은 언젠가 자신도 떠날 수 있다는 사실을 알기에, 떠나는 순간의 태도를 유심히 지켜본다.

관계는 끝났지만, 기억은 남는다. 그리고 그 기억은 대부분 말보다 태도로 저장된다. 마지막에 어떤 평가를 남겼는지보다, 어떤 방식으로 정리했는지가 오래 남는다. 떠난 사람을 깎아내리지 않고, 침묵할 때는 침묵하며, 필요 없는 설명을 덧붙이지 않는 태도. 그것은 미련이 아니라 절제다.

나는 이제 관계의 끝을 대할 때 이렇게 묻는다. 이 태도가 나를 설명하는가, 아니면 감정을 풀어내기 위한 것인가. 떠난 사람을 통해 내가 작아지고 있는지, 아니면 기준을 지키고 있는지. 관계는 끝날 수 있지만 태도는 남는다. 그리고 그 태도는 결국 나를 다시 어떤 관계로 이끈다.

떠난 사람을 어떻게 대하는지는 남아 있는 사람을 어떻게 대할 것인지를 보여주는 예고편과도 같다. 그래서 나는 관계의 끝에서 더 조심해진다. 말수를 줄이고, 판단을 늦추며, 필요 없는 평가를 삼킨다. 떠난 사람을 존중하는 방식은 결국, 나 자신을 존중하는 방식이기 때문이다.

남의 인생을
쉽게 말하지 않는 태도

남의 인생을 쉽게 말하지 않는 태도는
판단보다 존중을 먼저 두는 선택이다.

우리는 생각보다 자주 남의 인생에 대해 말한다. 그것도 아주 적은 정보와 단편적인 장면만으로. 한 번의 선택, 하나의 실수, 혹은 특정 시점의 결과를 보고 그 사람의 삶 전체를 요약한다. "원래 그런 사람이야.""결국 그렇게 될 줄 알았어." 이런 말들은 분석처럼 들리지만, 사실은 이해를 멈췄다는 신호에 가깝다. 남의 인생을 말하는 방식은 언제나 말하는 사람의 태도를 먼저 드러낸다.

사회복지사는 기본적으로 사람을 상담하는 자리에 있다. 나는 그 시간 동안 가장 경계하게 된 것이 '이제 알 것 같다'는 느낌이었다.

이야기를 충분히 들었다는 착각, 상황을 어느 정도 파악했다는 확신이 드는 순간이 오히려 가장 위험했다. 사람은 자신의 삶을 모두 말하지 않는다. 말로 설명하지 못한 시간, 말하지 않기로 선택한 기억, 아직 스스로도 정리하지 못한 감정이 늘 남아 있다. 상담을 거듭할수록 분명해진 것은 하나였다. 한 사람의 인생은 몇 장의 기록이나 몇 번의 발언으로 파악되지 않는다는 사실이다.

상담 현장에서 만난 많은 사람들 중에는 겉으로 보기엔 쉽게 판단될 것 같은 경우도 많았다. 반복되는 실수, 이해하기 어려운 선택, 주변의 기대를 저버린 결정들. 그러나 이야기를 오래 듣다 보면, 그 선택이 나오기까지의 시간은 결코 단순하지 않았다. 우리는 결과만 보고 인생을 요약하지만, 실제 삶은 늘 과정 속에 있다. 그 과정을 보지 않으면 판단은 빠를 수는 있어도 정확할 수는 없다.

남의 인생을 쉽게 말하는 이유는 명확하다. 그렇게 말할수록 우리는 마음이 편해지기 때문이다. 더 이상 고민하지 않아도 되고 그 사람의 사정을 감당하지 않아도 된다. 그러나 그 편리함은 관계를 빠르게 얇게 만든다. 이해를 생략한 말은 금세 낙인이 되고 낙인은 상대를 설명할 필요 없는 존재로 만들어 버린다. 그렇게 줄어든 인생은 더 이상 대화의 대상이 아니라 평가의 대상이 된다.

이 문제는 공적인 공간에서 더욱 노골적으로 드러난다. 언론에 비친 한 장면, 맥락에서 잘린 문장 하나로 사람의 삶이 규정된다. 물론 공적인 책임은 분명히 물어야 한다. 그러나 책임을 묻는 언어와 인생을 단정하는 언어는 확실히 다르다. 우리는 종종 그 차이를 지우고 말한다. 비판이 해석으로 해석이 낙인으로 바뀌는 순간, 논의는 멈추고 감정만 남는다.

내가 상담하면서 스스로 배운 중요한 태도는 바로 이것이었다. 상대의 선택을 대신 설명하려 들지 말 것, 대신 그 선택이 나오기까지의 시간을 존중할 것. 이해와 동의는 다르며 공감과 면죄는 같지 않다. 남의 인생을 쉽게 말하지 않는다는 것은 침묵하겠다는 선언이 아니다. 말의 속도를 늦추고, 단정의 욕망을 경계하겠다는 태도에 가깝다.

타인의 삶을 조심스럽게 대하는 사람은 말을 아낀다. 모든 상황을 해석하지 않고 모든 선택에 의미를 부여하지 않는다. 대신 자신의 기준은 분명히 지키되 그 기준으로 타인의 인생을 재단하지 않는다. 그는 남의 삶을 설명하려 들지 않고 자신이 감당해야 할 말과 행동에만 집중한다. 그래서 그의 말은 공격이 아니라 책임으로 남는다.

우리는 대개 불완전한 선택을 하며 살아간다. 어떤 결정은 시간이 지나서야 의미가 드러나고 어떤 판단은 끝내 이해받지 못한 채 남는다. 그런 삶 앞에서 필요한 것은 빠른 평가가 아니라 조심스러운 거리다. 남의 인생을 쉽게 말하지 않는 태도는 타인을 위한 배려이자 언젠가 나 자신을 지키는 기준이 된다.

나는 이제 누군가의 인생을 말하기 전에 멈춘다. 이 말이 꼭 필요한지 지금 말하지 않아도 되는 것은 아닌지 스스로에게 묻는다. 말하지 않는 선택이 무책임이 아니라 존중일 때가 있다는 사실을 알게 되었기 때문이다. 남의 인생을 쉽게 말하지 않는 태도는 결국 삶을 가장 깊이 이해하려는 사람의 자세다.

공로를 혼자 가지지 않는 사람

공로를 나누는 방식이
조직의 미래를 결정한다.

조직에서 가장 빠르게 신뢰가 무너지는 순간은 공로가 한 사람에게만 쌓일 때다. 성과는 늘 여러 사람의 손을 거쳐 만들어지는데 이름은 언제나 비슷한 얼굴로만 반복될 때 조직은 조용히 식는다. 겉으로는 아무 일 없는 것처럼 보이지만, 그 안에서는 책임만 남고 의욕은 빠르게 사라진다. 사람들은 더 이상 나서지 않고, 필요한 말도 삼키게 된다. 조직은 그렇게 말없이 소진된다.

조직은 결과보다 과정을 기억한다. 누가 아이디어를 냈는지 누가 마지막까지 일을 붙들었는지 누가 보이지 않는 곳에서 문제를 수습했는지. 이 기억이 존중받을 때 조직은 다시 움직인다. 반대로 결과만 가져가고 과정을 지우는 사람이 반복해서 주목받으면 다음 성과는 점점 어려워진다. 사람들은 더 이상 자신의 몫을 넘어서는 일은 관심조차 두지 않으려 하기 때문이다. "해도 소용없다"는 체념은 그렇게 조직의 공기를 바꾼다.

같은 성과를 두고도 어떤 리더는 "우리가 해냈다"고 말했고, 어떤 리더는 "내가 책임졌다"고 말했다. 말의 차이는 작아 보였지만, 분위기는 전혀 달랐다. 전자는 다음 일을 가능하게 했고, 후자는 다음 일을 어렵게 만들었다. 말은 짧았지만, 그 말이 조직에 남기는 흔적은 오래갔다.

그래서 우리 복지재단에서는 의도적으로 공로를 나누는 구조를 만들었다. 매년 연말이 되면 전 직원이 한자리에 모인다. 그 자리에서 우리는 성과를 숫자로만 정리하지 않는다. 대신 어떤 일이 어떻게 가능했는지를 이야기한다. 현장에서 묵묵히 버텨 온 사람, 보이지 않는 곳에서 시스템을 지탱한 사람, 위기 앞에서 책임을 떠안았던 사람들의 이름을 하나씩 불러낸다. 그 이름들은 각자의 기관 안에서는 작게 남았을지 몰라도 법인이라는 더 큰 조직의 시야 속에서는 분명한 의미와 무게를 갖는다.

공로가 특정 직책이나 한 사람에게만 쏠리지 않도록 상의 종류도 다양하게 만들었다. 눈에 띄는 성과뿐 아니라 기준을 지켜낸 태도, 팀을 조율하며 갈등을 낮춘 역할, 실패를 정리하고 다음 기회를 만든 선택을 각각의 공로로 기록했다. 일부 직원에게는 해외 연수의 기회를 주고 또 다른 이들에게는 공식적인 표창을 전달한다. 중요한 것은 보상의 크기가 아니라 공로가 사라지지 않았다는 사실이다. 이 조직에서는 누군가의 노력이 이름 없이 흘러가 버리지 않는다는 확신, 그것이 가장 큰 보상이다.

그 장면을 지켜보면 조직 자체의 온도가 달라진다. 박수는 한 사람에게만 쏠리지 않고 여러 방향에서 터져 나온다. 그때 직원들은 안다. 이 조직에서는 노력과 책임이 묻히지 않는다는 사실을 깨닫게 된다. 또한 누군가의 성과 뒤에 숨어 지워지지 않는다는 것을. 공로를 나누는 방식은 그렇게 조직의 신뢰를 조금씩 쌓아 올린다.

공로를 혼자 차지하지 않는다는 것은 겸손의 문제가 아니다. 그것은 조직을 오래 가게 만드는 기술에 가깝다. 성과는 함께 가져가고 책임은 먼저 지는 태도. 이 원칙이 지켜질 때 조직은 사람을 남긴다. 반대로 공로를 독점하는 문화에서는 책임만 남고, 결국 조직은 소모된다. 리더가 앞에 설수록 조직은 작아지고, 리더가 물러설수록 조직은 자란다.

정치와 행정의 영역에서도 이 원리는 같다. 공을 독차지하는 리더 아래에서는 말이 사라지고 문제는 쌓인다. 반대로 공을 나누는 리더 아래에서는 사람들이 남고 시스템이 바르게 작동한다. 공로를 혼자 가지지 않는 태도는 도덕의 문제가 아니라, 지속 가능성의 문제다.

나는 이제 성과를 설명하는 방식을 본다. 그가 '나'를 말하는지, '우리'를 말하는지. 그리고 그 말이 위기 앞에서도 유지되는지를 본다. 공로를 혼자 가지지 않는 사람은 상황이 바뀌어도 태도를 바꾸지 않는다. 그래서 그의 조직은 오래 간다. 조직의 미래는 결국, 공을 어떻게 나누느냐에서 결정된다.

미안함을 미루지 않는 관계

미안함을 제때 말하는 용기가
관계를 오래 지속 시킨다.

관계는 거창한 말로 유지되지 않는다. 대부분의 관계는 아주 사소한 순간에서 갈라진다. 특히 '미안함'을 언제, 어떻게 다루느냐가 그렇다. 우리는 마음속으로는 미안해하면서도 그 말을 입 밖으로 꺼내는 일을 미룬다. 지금 말하면 어색할 것 같고 괜히 일을 키우는 것 같고, 조금만 지나면 자연스럽게 넘어갈 수 있을 것 같아서다. 그러나 관계에서 미안함을 미루는 선택은 거의 예외 없이 같은 결과로 이어진다. 미안함은 사라지지 않고, 대신 거리로 바뀐다.

미안함을 말하지 못하는 데에는 이유가 있다. 사과는 책임을 인정하는 일처럼 느껴지고 관계의 힘의 균형을 흔드는 행위처럼 보이기도 한다. 특히 조직이나 가정처럼 역할이 고정된 관계에서는 더 그렇다. 많은 사람들은 "굳이 말하지 않아도 알겠지"라고 생각하며 넘어간다. 그러나 말하지 않은 미안함은 전달되지 않는다. 이해되지 않은 마음은 쌓이고 그 축적은 언젠가 관계를 무겁게 만든다.

이 문제는 가정 안에서 특히 선명하게 드러난다. 우리 사회에서 많은 부부 갈등은 큰 사건보다 사소한 순간에서 시작된다. 남편이 아내에게 사과를 미루거나 끝내 하지 않는 경우가 그렇다. "그럴 의도는 아니었다" "예민하게 받아들인 것 아니냐"는 말은 상황을 설명하는 것처럼 보이지만, 그 말속에는 미안함이 빠져 있다. 가부장적 문화 속에서 자란 많은 남성들은 사과를 '지는 일'로 배워 왔다. 책임을 인정하는 대신 상황을 넘기거나, 시간이 해결해 주기를 기대한다. 그러나 말하지 않은 미안함은 해결되지 않는다. 그것은 관계 안에 남아 신뢰를 조금씩 갉아먹는다.

더 흔한 장면도 있다. 사과하지 않는 것을 넘어 아예 침묵으로 일관하는 태도다. 말을 꺼내지도 않고 설명하지도 않고 아무 일 없다는 듯 시간을 흘려보내는 방식. 그는 갈등을 키우지 않기 위해서라고 말하지만, 사실 그 침묵은 대화를 거부하는 선택에 가깝다. 말하지 않으면 책임도 오지 않고 시간이 모든 것을 정리해 줄 것이라 기대한다. 그러나 침묵은 중립이 아니다. 그것은 관계에서 가장 일방적인 태도다. 말하지 않음으로써 상대에게 해석과 감당을 모두 떠넘기는 방식이기 때문이다.

미안함을 미루지 않는다는 것은 감정을 즉시 해소하겠다는 뜻이 아니다. 오히려 그 반대다. 감정이 날카로울 때일수록 관계를 먼저 생각하는 선택이다. 지금 이 말이 나를 편하게 만들지는 몰라도, 관계를 더 어렵게 만들지는 않는지 스스로에게 묻는 태도. 그 질문이 사과의 방향을 바꾼다. 사과는 문제를 완전히 해결하지 못해도 문제를 함께 다룰 수 있는 관계를 남긴다.

조직에서도 마찬가지다. 작은 오해, 사소한 무례, 애매한 책임의 경계에서 미안함을 건너뛰면 일은 계속될 수 있다. 그러나 관계는 빠르게 메마른다. 반대로 "그때 그렇게 해서 미안하다"는 한 문장이 들어가는 순간, 관계의 결은 달라진다. 사과는 약함의 표시가 아니라 관계를 포기하지 않겠다는 신호다.

미안함을 미루지 않는 사람의 공통점은 책임을 두려워하지 않는다는 점이다. 그는 자신의 의도가 선했는지보다 상대가 어떻게 받아들였는지를 먼저 본다. 잘못을 인정하는 것이 패배가 아니라는 것을 알고 있다. 오히려 사과를 미루는 태도가 관계를 더 약하게 만든다는 사실을 경험으로 배웠다.

관계에서 중요한 것은 옳고 그름의 판정이 아니라 회복의 가능성이다. 누가 더 잘못했는지를 따지기 시작하면 미안함은 계산이 된다. 그러나 미안함을 먼저 꺼낸 관계에서는 계산보다 신뢰가 남는다. 그 신뢰는 다시 대화를 가능하게 하고, 다음 선택을 조금 더 조심스럽게 만든다.

우리는 흔히 사과를 큰 사건의 언어로 생각한다. 그러나 관계를 지키는 사과는 대부분 작고 조용하다. 타이밍을 놓치기 전에 건네는 짧은 말, 변명 없이 덧붙이는 인정, 상황이 커지기 전에 멈추는 용기. 이런 사과는 눈에 띄지 않지만 관계를 오래 버티게 한다.

미안함을 미루지 않는 관계는 완벽하지 않다. 갈등도 있고 상처도 남는다. 그러나 그 관계에는 다시 말할 수 있는 통로가 남아 있다. 말하지 못한 미안함이 쌓이지 않기 때문이다. 관계를 끝내는 일은 언제나 쉽다. 관계를 이어 가는 일은 사소한 순간의 선택에서 시작된다.

나는 이제 관계가 어긋나는 순간에 스스로에게 묻는다. 이 미안함을 지금 말하지 않으면 나는 무엇을 잃게 될까. 대부분의 경우 답은 같다. 관계를 조금 더 지킬 수 있는 기회를 잃게 된다는 것. 그래서 나는 미안함을 미루지 않으려 한다.
관계는 그렇게 작은 용기 위에서 오래 이어진다.

끝까지 무너지지 않는 신뢰

신뢰는 끝까지 태도를
바꾸지 않은 사람이 남긴 결과다.

신뢰는 처음부터 단단하게 주어지지 않는다. 대개는 작은 약속 하나, 사소한 태도 하나 위에 조용히 쌓인다. 그래서 신뢰가 무너지는 순간도 극적인 배신 때문이라기보다 눈에 띄지 않는 균열이 반복되며 찾아온다. 말과 행동이 어긋났던 순간이나 책임을 미뤘던 장면, 불편함을 알면서도 외면했던 선택들 속에 신뢰는 그렇게 조금씩 닳아간다.

사람들은 종종 신뢰를 '깨지지 않는 믿음'으로 생각한다. 그러나 내가 경험한 신뢰는 훨씬 현실적이었다. 그것은 흔들리지 않는 상태가 아니라 흔들린 뒤에도 다시 제자리를 찾는 힘에 가까웠다. 위기 앞에서 완벽하게 행동한 사람보다 실수 이후의 태도를 끝까지 지켜낸 사람이 더 오래 신뢰를 남겼다. 신뢰는 무결함의 문제가 아니라 회복의 문제였다.

대통령실에서 비서관으로 일하며 이 사실은 더욱 분명해졌다. 비서관은 개인의 생각을 말하는 자리가 아니다. 대통령을 대신해 민원인을 만나고 국가를 대표해 설명하며 때로는 쏟아지는 감정을 가장 앞에서 받아내는 위치에 선다. 민원인의 요구와 절박함은 제도와 권력을 향해 제기되지만, 그 요구를 가장 먼저 마주하는 사람은 비서관이다. 그 자리에서의 태도는 개인의 것이 아니라 국가의 얼굴이 된다.

그래서 비서관의 말은 언제나 조심스러울 수밖에 없다. 해결할 수 없는 일을 해결하겠다고 말하지 않고 아직 정리되지 않은 사안을 단정하지 않는다. 대신 무엇을 할 수 있고 무엇은 할 수 없는지를 분명히 구분한다. 그 솔직함은 당장의 위로가 되지 않을 수도 있다. 그러나 시간이 지나면, 그 말은 신뢰로 남는다. 지켜지지 않은 수많은 약속보다 지켜진 한 문장이 더 오래 기억되기 때문이다.

신뢰가 무너지는 순간은 의외로 단순하다. 말과 행동이 다를 때, 기준이 상황에 따라 달라질 때, 관계에 따라 원칙이 바뀔 때다. 반대로 신뢰가 남는 순간도 비슷하다. 불리한 상황에서도 태도를 바꾸지 않았을 때 불편한 말 앞에서도 기준을 유지했을 때, 책임을 피해 갈 수 있었음에도 그 자리에 남았을 때다. 신뢰는 화려한 선택이 아니라 반복되는 일관성에서 만들어진다.

나는 신뢰를 '끝까지 무너지지 않는 것'으로 정의하게 되었다. 여기서 '끝까지'란 실수하지 않는다는 뜻이 아니다. 오히려 실수 이후에도 관계를 버리지 않는 태도를 의미한다. 설명으로 상황을 덮지 않고 침묵으로 책임을 피하지 않는 것. 잘못을 인정할 때는 짧게 인정하고 약속은 지킬 수 있는 만큼만 하는 것. 대통령을 대신해 말해야 했던 자리에서 이 원칙은 더욱 중요했다.

개인적인 관계에서도 마찬가지다. 신뢰는 감정이 아니라 습관에 가깝다. 상대를 실망시키지 않겠다는 다짐보다, 실망시켰을 때 어떻게 행동하느냐가 더 중요하다. 연락을 미루지 않는 것, 불편한 이야기를 피해 가지 않는 것, 관계가 어긋났을 때 침묵으로 시간을 끌지 않는 것. 이런 사소한 선택들이 관계의 바닥을 만든다. 그 바닥이 단단할수록 갈등은 관계를 무너뜨리지 못한다.

신뢰를 지키는 사람은 종종 손해를 본다. 설명하지 않기 때문에 오해받기도 하고 먼저 책임을 지기 때문에 불리하게 보이기도 한다. 비서관 시절에도 그런 순간은 많았다. 그러나 시간이 지나면 남는 것은 분명하다. 말이 아니라 태도를 기억하는 사람들 결과가 아니라 과정을 지켜본 관계들. 신뢰는 빠르게 쌓이지 않지만, 한 번 쌓이면 쉽게 사라지지 않는다.

나는 이제 누군가를 판단할 때 그의 말보다 시간을 본다. 위기 앞에서 얼마나 오래 같은 태도를 유지했는지, 책임이 무거워졌을 때 자리를 떠나지 않았는지 설명이 불리해졌을 때도 기준을 바꾸지 않았는지, 그런 사람은 결국 신뢰를 남긴다. 끝까지 무너지지 않는 신뢰는 특별한 능력이 아니라 반복된 선택의 결과다.

신뢰는 증명하는 것이 아니라 견디는 것이다. 흔들리는 순간마다 도망치지 않고 불리해져도 태도를 바꾸지 않고 관계가 어려워져도 책임을 놓지 않는 것. 그렇게 쌓인 신뢰는 요란하지 않다. 그러나 마지막 순간까지 남아 있다. 그래서 나는 신뢰를 쌓겠다는 말을 믿지 않는다. 신뢰는 말로 약속하는 것이 아니라 끝까지 남아 있는 태도로만 증명된다.

4부

책임 앞에서의 얼굴

"책임은 권한보다 앞서야 하고, 판단은 자격보다 무거워야 한다."

- 앞에 섰다는 이유로 책임이 가벼워질 수는 없다.
말할 수 있다는 이유로 기준을 넘어설 수는 없다.

책임지는 사람의 말은 짧다

책임지는 사람의 말은 언제나 짧지만
그러나 그 말은 오래 남는다.

책임을 질수록 말은 짧아진다. 이것은 경험으로 알게 된 사실이다. 처음에는 나 역시 반대라고 생각했다. 책임 있는 사람일수록 더 많이 설명해야 하고, 더 충분히 납득시켜야 한다고 믿었다. 그러나 실제로 책임이 무거워질수록 말은 늘어나기보다 줄어든다. 설명이 줄어드는 대신 선택이 분명해진다.

말이 길어지는 순간은 대개 책임이 분산될 때다. 누가 결정했는지 모호할수록 말은 많아진다. 상황을 설명하고 배경을 덧붙이고 조건을 나열한다. 그 사이에 책임의 주체는 흐려진다. 말은 풍부해 보이지만 결정은 보이지 않는다. 책임이 없는 말은 언제나 안전하지만, 책임 있는 말은 그만큼 위험하다. 그래서 책임을 지는 사람은 불필요한 말을 덜 하게 된다.

대학에서 오랜 시간 학생들을 가르치며 이 차이를 반복해서 보았다. 평가 결과를 둘러싼 질문 앞에서 책임을 회피하는 설명은 언제나 길었다. 반면 기준을 세우고 그 기준에 따라 판단한 경우, 설명은 짧아도 충분했다. "이 기준에 따라 이렇게 판단했다"는 말이면 족했다. 더 이상의 말은 설득이 아니라 변명이 되기 쉽다는 것을 알게 되었기 때문이다.

이 경험은 대통령실에서 비서관으로 일하며 훨씬 더 분명해졌다. 국민공감비서관으로서 나는 내 개인의 판단을 장황하게 설명하는 자리에 서지 않았다. 대통령을 대신해 종교지도자들과 복지단체 대표자들을 만나며, 개인이 아닌 국가의 입장을 전달해야 하는 위치에 섰다. 그 자리에서는 말 한마디가 개인의 의견이 아니라 국가의 약속처럼 읽힌다. 그래서 말은 더욱 신중해질 수밖에 없었다.

민원 현장에서 가장 어려운 순간은 요구가 크고 절박하지만 당장 해결할 수 없는 상황이었다. 이때 말을 늘리는 것은 가장 쉬운 선택이다. 제도의 한계를 설명하고 절차를 이야기하고, 이해를 구하는 말들을 덧붙일 수 있다. 그러나 그런 말들은 순간을 넘길 수는 있어도 신뢰를 남기지는 못한다. 비서관의 역할은 그럴듯한 말을 하는 것이 아니라 책임질 수 있는 말만 남기는 것이다.

그래서 비서관의 말은 짧아진다. 할 수 있는 것과 할 수 없는 것을 분명히 구분하고 아직 결정되지 않은 사안을 예단하지 않는다. "검토하겠다"는 말조차도 실제로 검토가 가능한 경우에만 꺼낸다. 말이 약속이 되고, 약속이 국가의 얼굴이 되기 때문이다.

책임지는 사람의 말이 짧다는 것은 무성의함이 아니다. 오히려 가장 큰 성의다. 책임 있는 말은 불필요한 수식을 제거한 말이다. 감정을 덜어내고 상황을 단순화하며, 판단의 핵심만 남긴다. 그 말은 듣는 사람을 즉각적으로 위로하지 못할 수도 있다. 그러나 그 말은 흔들리지 않는다. 짧은 말이 신뢰를 얻는 이유는 그 말이 끝까지 지켜질 가능성이 높기 때문이다.

정치와 행정의 영역에서 우리는 종종 반대의 장면을 본다. 문제가 생기면 설명은 길어지고 해명은 복잡해진다. 그러나 시간이 지나면 사람들은 그 설명을 거의 기억하지 않는다. 기억에 남는 것은 그 이후의 태도다. 약속을 지켰는지 책임을 회피하지 않았는지 불리해졌을 때도 자리를 지켰는지. 책임지는 사람의 말은 그 이후의 행동으로 완성된다.

책임은 말로 증명되지 않는다. 책임은 남겨진 결과로 증명된다. 그래서 책임을 아는 사람은 말의 개수를 줄이는 대신 선택의 무게를 늘린다. 모든 것을 설명하려 들지 않고 자신이 감당할 수 있는 몫을 정확히 안다. 그 경계가 분명할수록 말은 짧아진다.

나는 이제 말을 많이 하는 사람보다 말이 줄어드는 순간을 본다. 상황이 어려워질수록 말을 줄이고 결정의 순간에 책임을 분명히 하는지. 책임지는 사람의 말은 언제나 짧다. 그러나 그 말은 오래 남는다. 말보다 먼저 기억되는 것은, 그 말 뒤에 남겨진 태도다.

선택의 결과를
감당한다는 것

선택은 순간이지만,
품격은 결과 앞에서 드러난다.

　선택은 언제나 순간에 이루어지지만, 그 선택이 만든 결과
는 시간을 두고 사람 앞에 다시 나타난다. 우리는 흔히 선택
의 옳고 그름을 그 순간의 명분으로 판단한다. 충분히 고민
했는지 최선이었는지 불가피했는지. 그러나 시간이 지나고
나면 남는 질문은 달라진다. 그 선택 이후에 어떤 태도로 남
아 있었는지, 결과 앞에서 얼마나 책임을 감당했는지가 그
사람을 설명한다.

　선택의 결과를 감당한다는 것은 결과가 좋았을 때 공을 차
지하는 일이 아니다. 오히려 결과가 기대와 다를 때, 상황이
틀어졌을 때, 그 선택을 여전히 자신의 몫으로 인정하는 태

도에 가깝다. 잘된 선택은 누구나 자신의 이름으로 부른다. 그러나 어려운 선택 논란이 남은 선택 앞에서까지 그 결정을 자신의 것으로 안는 사람은 많지 않다.

학생들을 지도하며 진로를 결정하고 과제를 선택하고, 연구 방향을 정하는 과정에서 학생들은 끊임없이 조언을 구한다. 그러나 선택이 잘 풀리지 않을 때, 그 선택이 '조언 때문'이 되기도 한다. 물론 조언은 좋은 영향을 미칠 수 있다. 하지만 선택의 주체는 결국 자신이다. 선택을 외부의 탓으로 돌리는 순간, 혹은 '시켜서 한다'는 태도로 선택을 맞이하는 순간 배움은 멈춘다. 선택의 결과를 감당할 때에만 경험은 자산이 된다.

공적인 자리에서는 이 원칙이 훨씬 더 무겁게 작동한다. 모든 선택이 완벽할 수는 없으며 모든 결정이 모두를 만족시킬 수는 없다. 중요한 것은 그 결정이 어떤 결과를 낳았을 때, 누가 끝까지 그 결과 앞에 서느냐였다. 결과가 나오면 설명이 늘어나는 경우가 많다. 왜 그럴 수밖에 없었는지 다른 선택지는 무엇이었는지, 조건이 어땠는지를 말한다. 그러나 신뢰를 남긴 사람은 설명보다 먼저 결과를 받아들인다.

선택의 결과를 감당한다는 것은 결과를 미화하지 않는 일이다. 기대에 못 미친 결과를 '불가피함'으로만 포장하지 않고, 책임의 경계를 분명히 하는 일이다. 내가 감당해야 할 몫과 구조의 한계를 구분하되 그 구분을 핑계로 삼지 않는 태도. 이것이 선택 이후에 요구되는 윤리다.

많은 사람들은 선택 자체를 두려워한다. 선택하면 책임이 생기기 때문이다. 그래서 결정을 미루고 합의 뒤에 숨고, 구조를 앞세운다. 그러나 그렇게 미룬 선택 역시 하나의 선택이다. 아무것도 하지 않기로 한 결정도 결과를 낳는다. 그 결과를 감당하지 않으려 할 때 신뢰는 빠르게 사라진다.

선택의 결과를 감당하는 사람은 말이 적어진다. 이미 선택은 끝났고 남은 것은 태도이기 때문이다. 그는 결과 앞에서 흔들리더라도 자리를 떠나지 않는다. 결과가 불리해도 선택을 부정하지 않고 비판받더라도 책임의 선을 흐리지 않는다. 그 태도는 상황을 단번에 바꾸지는 못하지만, 시간이 지나면서 신뢰를 만든다.

개인적인 관계에서도 마찬가지다. 관계에서의 선택은 더 사소해 보이지만, 결과는 오래 남는다. 어떤 말을 했는지 어떤 순간에 침묵을 선택했는지 어떤 태도를 취했는지. 그리고 그 결과가 관계를 상하게 했을 때 그 선택을 어떻게 받아들이는지가 관계의 방향을 바꾼다. 선택의 결과를 감당하는 사람은 변명보다 사과를 회피보다 대화를 택한다.

선택의 결과를 감당하는 태도는 결국 신뢰의 방향을 결정한다. 결과가 좋을 때만 책임을 인정하는 사람과 결과가 기대에 미치지 못해도 선택의 주체로 남는 사람은 분명히 다르다. 전자는 순간의 평가를 얻을 수는 있지만, 후자는 시간을 통과한 신뢰를 남긴다. 사람들은 처음에는 결과를 보지만, 결국에는 태도를 기억한다. 선택의 결과 앞에서 물러서지 않았다는 사실 그 하나가 사람을 설명하는 가장 분명한 문장이 된다.

나는 이제 선택의 순간보다 선택 이후를 더 중요하게 본다. 어떤 결정을 내렸는지보다 그 결정의 결과 앞에서 어떤 얼굴로 남아 있었는지를 본다. 선택은 누구나 할 수 있다. 그러나 선택의 결과를 끝까지 감당하는 태도는 훈련되지 않으면 나오지 않는다.

선택은 지나가고 결과는 남는다. 그리고 그 결과를 어떻게 안고 가는지가 한 사람의 품격을 만든다. 선택은 누구나 할 수 있다. 그러나 선택의 결과를 끝까지 감당하는 태도는 스스로 훈련하지 않으면 나오지 않는다. 책임은 선택에서 시작되지만, 품격은 결과 앞에서 완성된다.

실패 앞에서의 자세

실패는 끝이 아니라
실패를 대하는 태도에 있다.

실패는 누구에게나 찾아온다. 문제는 실패를 겪느냐가 아니라, 그 실패 앞에서 어떤 자세로 서 있느냐다. 같은 실패를 경험하고도 어떤 사람은 다시 움직이고 어떤 사람은 그 자리에 머문다. 그 차이는 능력이나 환경에서 생기지 않는다. 실패를 대하는 태도에서 갈린다.

학생들을 지도하며 이 장면을 수없이 보았다. 시험이나 평가에서 기대한 결과를 얻지 못했을 때, 학생들의 반응은 놀라울 만큼 다르다. 어떤 학생은 기준을 묻는다. 어디에서 점수가 깎였는지 무엇이 부족했는지를 확인하려 한다. 어떤 학생은 상황을 설명한다. 일정이 얼마나 빡빡했는지 외부 조건이 얼마나 불리했는지를 말한다. 그리고 드물게 "제 공부가 부족했습니다"고 말하는 학생이 있다. 이 말은 점수를 바꾸지 못한다. 이미 결과는 정해져 있다. 그러나 이 태도는 이후의 선택을 바꾼다. 실패를 외부의 변수로 처리하지 않고 자신의 학습 과정 안으로 끌어들이는 순간, 실패는 좌절이 아니라 자료가 된다.

실패 앞에서 흔들리는 것은 자연스럽다. 누구도 실패를 담담하게 맞이하도록 훈련받지 않는다. 우리는 어릴 때부터 성공을 목표로 배우고 실패를 피해야 할 대상으로 익혀 왔다. 그래서 실패는 곧 자신에 대한 부정처럼 느껴진다. 그러나 실패를 자존감의 문제로만 받아들이는 순간, 사람은 배움을 멈춘다. 실패를 감정으로만 남기면 상처가 되지만 실패를 구조로 바라보면 방향이 된다.

실패를 견디는 사람에게는 공통점이 있다. 그는 실패를 과장하지도 축소하지도 않는다. 자신을 몰아붙이지 않으면서도 실패를 가볍게 넘기지 않는다. "다음엔 잘하면 되지"라는 말로 상황을 덮지 않고 "왜 이번에는 잘되지 않았는지"를 차분히 되짚는다. 실패를 회피하지 않되, 실패와 자신을 동일시하지 않는 균형 있는 태도가 실패를 통과하게 만든다.

공적인 영역에서는 이 차이가 더욱 선명해진다. 정책이든 조직의 결정이든, 모든 선택이 성공할 수는 없다. 중요한 것은 실패 이후의 태도다. 실패를 숨기거나 책임을 분산시키거나, 말을 바꾸는 순간 조직은 흔들린다. 반대로 실패를 있는 그대로 받아들이고 그 실패를 다음 선택의 기준으로 삼을 때 조직은 오히려 단단해진다. 실패를 인정하는 순간 무너지는 것이 아니라 실패를 부정하는 태도가 신뢰를 무너뜨린다.

실패 앞에서의 자세는 결국 자기 자신과의 관계다. 결과가 기대에 미치지 못했을 때 자신을 어떻게 대하는가. 무시하는가, 과도하게 비난하는가, 아니면 기록하는가. 실패를 기록할 수 있는 사람만이 같은 실패를 반복하지 않는다. 실패를 기억하는 방식이 곧 성장의 방식이 된다.

실패를 잘 견디는 사람은 조급해하지 않는다. 즉각적인 만회보다 방향을 먼저 점검한다. 결과를 빨리 지우려 하지 않고 그 결과가 무엇을 말하고 있는지 듣는다. 실패를 견디는 힘은 대단한 의지가 아니라 실패 앞에서 도망치지 않는 태도에서 나온다.

나는 시간이 지나며 실패를 바라보는 기준이 달라졌다. 실패가 없었던 사람보다 실패 이후에도 태도를 지켜낸 사람을 더 신뢰하게 되었다. 넘어지지 않은 사람이 아니라 넘어지고도 다시 서는 방식을 아는 사람들과 실패 앞에서 무너지지 않았던 사람들은 대부분 같은 특징을 가지고 있었다. 자신의 실패를 남 탓으로 처리하지 않았고 결과를 서둘러 덮지 않았다.

실패는 끝이 아니다. 실패를 어떻게 통과했는지가 그 사람의 다음을 만든다. 결과를 바꾸지 못하더라도 태도는 바꿀 수 있다. 실패를 배움으로 남기는 자세는 단번에 완성되지 않는다. 그러나 그 태도를 반복할수록 실패는 점점 두려움이 아니라 준비가 된다.

실패 앞에서의 자세는 선택이다. 그 선택이 다음 장면을 결정한다. 실패는 누구에게나 오지만, 실패를 경험으로 만드는 사람은 많지 않다. 실패를 견디는 태도 그 하나가 사람을 오래 가게 만든다.

변명하지 않는다는 용기

변명은 자신을 보호하는 가장 빠른 언어지만
책임에서는 가장 멀어지는 말이다.

변명은 대개 본능처럼 튀어나온다. 결과가 기대에 못 미쳤
을 때, 오해가 생겼을 때, 비판 앞에 섰을 때 우리는 먼저 상
황을 말하고 싶어진다. 왜 어쩔 수 없었는지 어떤 조건이 불
리했는지, 자신에게 책임이 전부는 아니라는 점을 설명하고
싶어진다. 변명은 자신을 보호하는 가장 빠른 언어다. 그러나
그 언어가 반복될수록 사람은 점점 선택의 주체에서 멀어진
다.

변명은 사실을 말하는 것처럼 보이지만, 실제로는 책임의
방향을 흐리는 말인 경우가 많다. "시간이 부족했다", "환경
이 좋지 않았다", "그때는 그럴 수밖에 없었다"는 말들은 틀

리지 않을 수 있다. 그러나 그 말들에는 공통점이 있다. 선택의 중심에 '나'가 아니라 '상황'이 놓인다는 점이다. 상황을 설명하는 동안 선택의 주체는 사라진다.

학생들을 지도하며 나는 변명과 설명의 차이를 자주 마주했다. 같은 결과 앞에서도 어떤 학생은 상황을 말하고 어떤 학생은 선택을 말한다. "여러 일정이 겹쳤습니다"라는 말과 "그 상황에서 그 선택을 했습니다"라는 말은 전혀 다른 태도를 드러낸다. 전자는 자신을 환경에 맡기고 후자는 선택의 주체로 남는다. 점수는 같을지 몰라도 그 이후의 방향은 달라진다. 변명을 내려놓는 순간부터 선택은 경험이 된다.

변명하지 않는다는 것은 자신을 몰아붙이는 일이 아니다. 오히려 정반대다. 변명을 멈춘 사람은 자신의 한계를 인정할 줄 안다. 잘하지 못한 이유를 외부에서 찾지 않고 자신의 선택 안에서 정리한다. 그래서 그는 자신을 방어하지 않아도 된다. 이미 책임의 자리에 서 있기 때문이다. 변명이 많아질수록 사람은 불안해지고 변명이 사라질수록 태도는 단단해진다.

공적인 자리에서는 이 차이가 더욱 크게 드러난다. 문제가 발생했을 때 설명이 길어질수록 사람들은 본능적으로 의심한다. 왜 이렇게까지 말이 많은지 무엇을 가리려는 것인지 묻게 된다. 반대로 말이 짧아질수록 책임의 윤곽은 또렷해진다. "이 결정의 결과다", "이 지점에서 판단이 부족했다"는 말은 상황을 즉각적으로 해결하지는 못하지만, 신뢰를 남긴다. 변명 없는 언어는 문제를 덮지 않는다. 대신 문제와 함께 그 자리에 선다.

변명은 관계에서도 같은 방식으로 작동한다. 관계가 어긋났을 때, 우리는 먼저 이유를 말한다. 왜 그렇게 행동할 수밖에 없었는지 상대가 먼저 무엇을 했는지 자신도 힘들었다는 사실을 설명한다. 그러나 관계를 회복시키는 말은 대개 다르다. "그때 그렇게 말한 건 내 선택이었다"는 한 문장이다. 이 말에는 상황 설명이 빠져 있다. 대신 책임이 남아 있다. 변명이 빠진 자리에는 대화가 들어온다.

변명하지 않는다는 용기는 즉각적인 손해를 감수하는 용기이기도 하다. 변명하면 당장의 비난은 피할 수 있다. 그러나 그 순간 책임도 함께 피하게 된다. 반대로 변명을 내려놓으면, 비판을 온전히 받아야 한다. 불편하고, 아프고, 때로는 억울하다. 그럼에도 그 자리에 남는 사람은 시간이 지나면서 신뢰를 얻는다. 사람들은 결국 설명이 아니라 태도를 기억하기 때문이다.

나는 변명이 많아지는 순간을 스스로 경계하게 되었다. 말이 길어질수록, 그 안에 책임을 밀어내고 싶은 마음이 섞여 있다는 것을 알게 되었기 때문이다. 그래서 불리한 상황일수록 말을 줄이려 한다. 변명 대신 사실을 말하고 이유 대신 선택을 남기려 한다. 모든 것을 설명하지 않아도 괜찮다고 스스로에게 허락하는 연습이다.

변명하지 않는다는 것은 침묵하겠다는 뜻이 아니다. 오히려 더 정확한 언어를 선택하겠다는 의미다. 상황을 덧붙이지 않고 감정을 앞세우지 않고, 선택의 핵심만 남기는 언어. 그 언어는 화려하지 않지만 흔들리지 않는다. 변명이 빠진 말은 가볍지 않다.

변명을 내려놓는 순간, 사람은 다시 선택의 중심에 선다. 실패도 갈등도 오해도 자신의 경험이 된다. 책임을 감당할 수 있을 만큼만 말하고 지킬 수 있는 만큼만 약속하는 태도. 이것이 변명하지 않는다는 용기의 실제 모습이다.

변명은 순간을 넘기지만 책임은 시간을 통과한다. 나는 이제 누군가의 말을 들었을 때, 그 말에 얼마나 많은 설명이 붙어 있는지보다 얼마나 분명한 선택이 남아 있는지를 본다. 변명하지 않는 사람은 완벽하지 않다. 그러나 그는 끝까지 자신의 삶을 대신 살아줄 사람이다. 그리고 그 용기는 조용하지만 가장 강한 형태의 책임이다.

뒤로 숨지 않는 삶

설명으로 자신을 구하지 않고,
선택의 결과 앞에 그대로 서는 삶.

우리는 보통 책임을 말로 감당하려 한다. 설명을 붙이고 맥락을 덧대고, 상황을 풀어놓으며 자신이 왜 그렇게 할 수밖에 없었는지를 말한다. 말은 안전하다. 말은 시간을 벌어 주고 자리를 피하게 해 준다. 그래서 문제 앞에서 많은 사람들은 한 발 물러선다. 말속으로, 논리 뒤로, 구조 안으로 숨는다. 그러나 시간이 지나고 나면 이상한 차이가 남는다. 누가 더 말을 잘했는지가 아니라 누가 그 자리에 남아 있었는지가 기억된다.

뒤로 숨지 않는 삶은 언제나 손해처럼 보인다. 설명하지 않기 때문에 오해받고 감정을 드러내지 않기 때문에 차갑다는 말을 듣는다. 그래서 우리는 어릴수록 경험이 적을수록, 말로 버티는 법을 먼저 배운다. 나 역시 그랬다. 설명하지 않는 태도를 용기라고 생각하지 않았고 침묵은 회피에 가깝다고 믿었다.

고등학생 때 처음 『이방인』을 읽었을 때도 그랬다. 솔직히 말하면, 그 책은 그 시절의 나에게 불편했다. 왜 저 사람은 아무 말도 하지 않을까. 왜 오해를 풀 기회가 있었는데도 가만히 있을까. 왜 세상이 요구하는 최소한의 설명조차 거부할까. 뫼르소라는 인물은 무책임해 보였고 냉담했으며, 현실을 외면하는 사람처럼 느껴졌다. 그때의 나는 설명하지 않는 태도를 '버팀'이 아니라 '도망'으로 이해했다.

시간이 지나 다시 그 책을 읽었을 때, 인상은 완전히 달라졌다. 사람들의 선택을 가까이에서 보게 되었고 설명으로 책임을 흐리는 장면들을 반복해서 마주한 뒤였다. 그제야 보였다. 뫼르소가 하지 않았던 것은 책임이 아니라 변명이었다는 사실이. 그는 자신을 구할 수 있는 말을 알고 있었고, 사회가 요구하는 감정의 언어도 충분히 사용할 수 있었다. 그러나 그는 그 언어를 선택하지 않는다. 말로 자리를 피하지 않고, 결과 앞에 그대로 남는 방식을 택한다.

우리는 현실에서 그 정도의 침묵을 요구받지 않는다. 그러나 매 순간 선택은 있다. 말로 상황을 정리할 것인지 불편해도 자리를 지킬 것인지. 설명으로 책임을 나눌 것인지 아니면 선택의 주체로 남을 것인지. 뒤로 숨지 않는 삶은 거창한 결단이 아니라 이 작은 선택의 반복에서 만들어진다.

설명은 종종 책임을 가볍게 만든다. 말이 길어질수록 선택의 얼굴은 흐려지고 판단의 주체는 보이지 않게 된다. 반대로 말이 줄어들면 남는 것들이 또렷해진다. 무엇을 선택했는지 어디까지 책임질 수 있는지, 어떤 결과 앞에 서 있는지가 분명해진다. 뒤로 숨지 않는 사람은 모든 것을 통제하려 들지 않는다. 다만 자신이 서 있는 자리를 바꾸지 않는다.

나는 이제 사람을 볼 때, 그가 얼마나 설득력 있게 말하는지보다 어디에 서 있는지를 본다. 문제가 생겼을 때 자리를 떠나지 않는지 말이 불리해졌을 때 설명으로 숨지 않는지 결과 앞에서 태도를 바꾸지 않는지. 그런 사람은 처음에는 오해받을 수 있다. 그러나 시간이 지나면 남는다. 말은 잊혀도 태도는 기억되기 때문이다.

고등학생 시절의 나는 뫼르소를 이해하지 못했다. 지금의 나는 안다. 그의 침묵은 무책임이 아니라 가장 극단적인 책임의 형태였다는 것을. 설명으로 자신을 구하지 않고 선택의 결과 앞에 그대로 서는 삶. 뒤로 숨지 않는 삶은 멋 있지 않다. 그러나 그 삶은 마지막 순간까지 무너지지 않는다.

삶은 우리에게 늘 숨을 곳을 제안한다. 말속으로, 역할 뒤로, 구조 안으로. 그러나 그 제안 앞에서 자리에 남는 선택이 있다. 뒤로 숨지 않는 삶은 바로 그 선택에서 시작된다. 그리고 그 선택은 시간이 지나도 사라지지 않는다. 사람은 결국, 어디에 있었는지로 기억된다.

위기에서
기준을 바꾸지 않는다는 것

위기는 지나가지만,
그때 바꾼 기준은 남는다.

위기는 언제나 기준을 시험한다. 평온할 때 지키는 원칙은
누구에게나 쉽다. 문제는 상황이 틀어졌을 때다. 압박이 커지
고 선택의 여지가 줄어들고, 당장의 손실이 눈앞에 보일 때
우리는 기준을 '조정'하고 싶어진다. 조금만 미루자. 이번만
넘기자. 지금은 예외로 두자. 위기는 늘 그렇게 말을 건다.

　그러나 시간이 지나고 나면 분명해진다. 위기에서 기준을
바꾼 순간은 대개 합리적인 판단처럼 보이지만 그 선택은 오
래 남는다. 그때 바꾼 기준은 다음 위기에서 더 쉽게 흔들리고
한 번 흐려진 선은 다시 또렷해지기 어렵다. 기준은 상황에 맞
춰 움직일수록 유연해 보이지만 실제로는 점점 약해진다.

우리는 흔히 기준을 고집과 혼동한다. 위기 속에서 기준을 지키는 태도를 융통성 없음으로 오해한다. 그러나 기준을 지킨다는 것은 상황을 무시하는 일이 아니다. 오히려 상황을 충분히 고려한 뒤에도 넘지 않겠다고 정한 선을 유지하는 일이다. 기준은 감정을 억누르는 장치가 아니라 판단의 중심을 붙드는 축이다.

위기 앞에서 가장 자주 등장하는 말은 '불가피함'이다. 지금은 어쩔 수 없다는 말, 나중에 바로잡겠다는 약속, 일단 지나가고 보자는 논리. 이런 말들은 순간을 넘길 수는 있지만, 기준을 대신할 수는 없다. 불가피함이 반복되면 그것은 곧 관행이 되고 관행이 된 예외는 기준을 잠식한다.

복지재단을 운영하며 기준이 흔들릴 것처럼 보이는 순간은 주로 지자체 지원이 줄어들 때였다. 예산이 감소하면 프로그램을 조정하자는 제안이 먼저 나온다. 기준을 낮추거나 대상을 넓혀 '버티자'는 논리다. 그러나 우리는 그 길을 쉽게 선택하지 않았다. 기준을 바꾸는 대신, 후원금을 늘리기 위해 더 많이 설명하고 더 많이 설득하는 쪽을 택했다. 재정의 어려움을 기준 완화로 해결하기보다 기준을 지키기 위해 더 많은 책임을 감수하는 선택이었다.

그 선택은 당장 쉽지 않았다. 현장은 더 바빠졌고 설득해야 할 사람도 늘어났다. 그러나 기준이 흔들리지 않았기 때문에 방향은 분명했다. 누구를 위해 존재하는 기관인지 어떤 선은 넘지 않겠다는 것인지가 분명했기 때문이다. 위기에서 기준을 바꾸지 않는다는 것은 아무것도 하지 않는 것이 아니라 더 어려운 노력을 선택하는 일이라는 사실을 그때 배웠다.

공적인 자리에서도 이 문제는 더욱 선명해진다. 위기는 개인의 문제가 아니라 공동체의 문제로 확장된다. 이때 기준을 바꾸는 선택은 단기적인 해결처럼 보일 수 있지만, 그 기준을 바라보는 수많은 사람들에게 신호를 보낸다. '이 선은 상황에 따라 바뀔 수 있다'는 신호다. 그리고 그 신호는 생각보다 빠르게 퍼진다.

위기에서 기준을 지킨다는 것은 모든 비판을 감수하겠다는 뜻은 아니다. 기준을 지킨다고 해서 설명을 거부하거나 대화를 끊는 것도 아니다. 다만 설명이 기준을 대신하지 않도록 하는 태도다. 무엇을 지킬 것인지 분명히 한 상태에서 가능한 조정과 불가능한 선을 구분하는 일. 이 구분이 있을 때 기준은 고집이 아니라 신뢰가 된다.

기준을 지키는 사람은 종종 느려 보인다. 상황에 즉각 반응하지 않고 유행하는 해법을 따르지 않기 때문이다. 그러나 시간이 지나면 그 느림이 방향이 된다. 위기를 지나온 조직이나 관계를 돌아보면 기준을 지킨 선택이 결국 가장 빠른 길이었던 경우가 많다. 기준은 속도를 늦추는 대신 방향을 잃지 않게 한다.

나는 이제 위기 앞에서 사람의 말을 다르게 듣게 되었다. 무엇을 바꾸겠다는 말보다 무엇을 지키겠다는 말을 더 주의 깊게 듣는다. 기준을 상황 설명 속에 숨기지 않고 불리해도 분명히 말하는 태도. 그런 사람은 위기를 이용하지 않는다. 위기 속에서도 기준을 남긴다.

위기는 지나간다. 그러나 위기에서 바뀐 기준은 오래 남는다. 반대로 위기에서 지켜낸 기준은 그 사람과 조직을 설명하는 가장 강력한 문장이 된다. 위기에서 기준을 바꾸지 않는다는 것은 상황보다 오래 갈 것을 선택하는 일이다. 그리고 그 선택은 시간이 지나면서 신뢰가 된다.

권한이 생길수록
조심해지는 이유

권한은 말할 자유를 주는 것이 아니라,
말하지 않을 책임을 요구한다.

　권한은 사람을 드러내는 동시에 시험한다. 처음 권한을 가
질 때 사람들은 흔히 자신감이 생긴다고 말한다. 말할 수 있
는 범위가 넓어지고 결정의 영향력이 커지기 때문이다. 그러
나 시간이 지나면서 나는 반대로 느끼게 되었다. 권한이 커
질수록 사람은 더 조심해져야 한다는 사실을 알았다. 말은
가벼워지기 쉽고 태도는 더 많은 사람들에게 해석되기 때문
이다.
　권한이 없는 자리에서의 말은 개인의 의견으로 소비된다.
그러나 권한이 생긴 순간부터 말은 개인의 표현을 넘어선다.
그것은 방향으로 읽히고 신호로 해석되며 때로는 약속으로

받아들여진다. 같은 말이라도 누가 했느냐에 따라 무게가 달라지는 이유다. 권한이 있는 사람의 말은 내용보다 맥락에서, 감정보다 타이밍에서 평가된다. 그래서 조심함은 선택이 아니라 책임에 가깝다.

이 차이는 최고 권력자의 언어에서도 분명하게 드러난다. 대통령의 말은 정책 이전에 태도로 읽힌다. 흥미로운 것은 대통령의 말이 친근해질수록 반드시 신뢰가 높아지지는 않는다는 점이다. 오히려 발언이 잦아지고 즉흥성이 드러날수록 지지도는 흔들리는 경우가 많다. 대통령의 언어는 공감의 말보다 기준의 말로 해석되기 때문이다. 편안한 말투는 가까움을 줄 수 있지만, 가벼운 인상은 국정의 안정성을 흔들리는 신호로 받아들여진다.

권력자의 말은 위로보다 예측 가능성을 요구받는다. 무엇을 할 것인지보다 무엇을 넘지 않을 것인지를 보여줄 때 신뢰는 더 쌓인다. 그래서 권한이 커질수록 말은 줄어들어야 하고 태도는 느려져야 한다. 빠른 말은 즉각적인 반응을 낳지만, 느린 태도는 오래 남는 신뢰를 만든다. 이 느림은 우유부단함이 아니라 파장을 고려하는 능력이다.

복지재단을 운영하며 이 원리는 더욱 현실적으로 다가왔다. 대표의 말 한마디는 내부 직원들에게는 방향이 되고 외부 후원자들에게는 기준이 된다. 사적인 자리에서 농담처럼 던진 말이 공식 입장으로 해석되는 순간들도 있었다. 그때마다 권한이 생긴 사람에게 '편한 말'은 존재하지 않는다는 사실을 깨닫게 된다. 모든 말은 누군가에게 신호가 되기도 하고, 때로는 기대가 된다.

권한이 커질수록 조심해진다는 것은 아무 말도 하지 않는다는 뜻이 아니다. 오히려 해야 할 말과 하지 않아도 될 말을 구분하는 능력이 중요해진다는 뜻이다. 모든 상황에 즉각 반응하지 않고 감정이 앞서는 설명을 삼키며 말보다 태도를 먼저 세우는 일은 침묵이 아니라 절제다. 절제는 말을 줄이는 기술이 아니라 영향력을 관리하는 태도다.

권력자의 조심함은 약함이 아니다. 그것은 자신의 영향력을 정확히 인식하고 있다는 증거다. 말 한마디가 파장을 만들 수 있음을 아는 사람만이 말의 속도를 늦출 수 있다. 반대로 권한을 가볍게 여기는 사람은 말을 가볍게 쓴다. 그 말은 순간의 박수를 얻을 수는 있어도 오래 남지 않는다. 박수는 빠르게 사라지지만, 신뢰는 천천히 축적된다.

나는 이제 권한을 가진 사람을 볼 때 그가 얼마나 많이 말하는지보다 언제 말을 아끼는지를 본다. 불리한 상황에서 즉각 해명하지 않는 태도, 여론이 요동칠 때도 기준을 먼저 확인하는 자세, 결정의 순간에 감정을 덜어내는 능력. 이런 조심함은 처음에는 답답해 보일 수 있다. 그러나 시간이 지나면 그것이 조직과 관계를 지키는 힘이었음이 드러난다.

권한은 자유를 넓히는 것이 아니라 책임을 깊게 만든다. 그래서 권한이 생길수록 사람은 조심해진다. 말은 줄고, 태도는 느려진다. 그 느림 속에서 기준은 또렷해지고 신뢰는 축적된다. 권한을 가진 사람의 품격은 얼마나 많은 말을 했느냐가 아니라 얼마나 많은 말을 하지 않았느냐에서 드러난다. 그 조심함이 결국, 권한을 오래 지탱하는 힘이 된다.

결정은 빠를수록,
태도는 느릴수록

결정은 빨라야 하지만,
사람을 대하는 태도는 기다릴 줄 알아야 한다.

비서관으로 일하며 가장 자주 마주했던 결정은 무엇을 할 것인가보다 무엇을 하지 않기로 할 것인가에 관한 것이었다. 대통령을 초청하는 요청은 생각보다 훨씬 많았다. 지역 행사, 단체 기념식, 복지 현장 방문, 추모 행사까지. 요청을 보내온 사람들의 사정은 대부분 진지했고 때로는 절박했다. 그러나 대통령의 일정은 한정되어 있었고 형평과 국정의 우선순위라는 기준은 분명했다. 그래서 많은 요청은 '방문 불가'라는 결론으로 이어졌다.

결정 자체는 비교적 빠르게 내려졌다. 기준이 명확했기 때문이다. 문제는 그다음이었다. 방문 불가라는 결정이 내려진 뒤, 그 결정을 어떻게 전달하고 어떤 태도로 마주하느냐가 훨씬 더 중요했다. 같은 불가 통보라도 어떤 경우에는 이해가 남았고 어떤 경우에는 깊은 실망이 남았다. 그 차이는 결정의 내용이 아니라 결정 이후의 태도에서 갈렸다.

대통령의 방문을 기대했던 사람들 앞에서 가장 자주 마주한 감정은 분노보다 실망이었다. "알겠습니다"라는 짧은 말 뒤에 남는 침묵, 기대가 접히는 순간의 공기, 말로 다 표현되지 않는 허탈함. 이 실망은 쉽게 다루기 어려웠다. 화를 내는 사람보다, 기대를 접은 사람을 마주하는 일이 더 무거웠다. 그래서 더 조심해야 했다. 말을 늘려 위로하고 싶어지는 순간도 많았다. 일정의 복잡함을 설명하고 다음 기회를 암시하고, 형식적인 공감을 덧붙일 수 있었다.

그러나 말을 늘릴수록 결정은 흐려진다. 설명이 길어질수록 기대는 다시 살아나고 그 기대는 또 다른 실망으로 돌아온다. 나는 이 과정을 수없이 보며 한 가지를 분명히 알게 되었다. 결정은 빠를수록 명확해야 하지만, 태도는 서두를수록 위험해진다는 사실이다. 태도는 상대의 감정을 단번에 바꾸는 기술이 아니라 시간을 두고 신뢰를 남기는 과정이기 때문이다.

그래서 나는 말을 줄이기 시작했다. 할 수 없는 일은 할 수 없다고 분명히 말하되, 가능성을 남기지 않으면서도 무례하지 않게 전달하려 했다. 대신 결정 이후의 태도를 놓치지 않으려 했다. 답변의 어조, 후속 연락, 다른 방식의 지원 가능성을 검토하는 과정까지 결정은 한 번이었지만, 태도는 여러 번 반복되었다. 그 반복 속에서 사람들은 결정보다 사람을 보게 되었고, 비로소 이 결정이 개인의 무심함이 아니라 공적인 기준의 결과였음을 이해하게 되었다.

결정이 빠르다는 것은 무성의하다는 뜻이 아니다. 오히려 책임의 범위를 명확히 한다는 의미에 가깝다. 결정을 미루면 상대의 기대는 커지고 태도는 더 많은 감정을 떠안게 된다. 반대로 빠른 결정은 불필요한 기대를 줄이고 이후의 태도를 단순하게 만든다. 대신 그 결정 이후의 태도는 서둘러서는 안 된다. 감정을 처리하는 데에는 시간이 필요하고, 신뢰는 반복 속에서만 만들어지기 때문이다.

이 원칙은 개인적인 관계에서도 그대로 적용된다. 관계에서 중요한 선택을 빠르게 내리는 것이 오히려 상대를 존중하는 경우가 많다. 그러나 그 선택 이후의 태도를 성급하게 정리하려 들면 관계는 쉽게 상처를 입는다. 결정은 끝났지만 감정은 남아 있기 때문이다. 태도를 느리게 가져간다는 것은 그 감정을 무시하지 않겠다는 뜻이다.

결정은 구조의 문제이고 태도는 사람의 문제다. 구조는 빠른 판단을 요구하지만 사람은 시간을 필요로 한다. 이 둘을 구분하지 못하면 결정은 감정적으로 흔들리고 태도는 계산적으로 변한다. 비서관으로서 배운 가장 중요한 감각은 이 구분을 놓치지 않는 일이었다.

나는 이제 누군가의 결정보다 그 결정 이후의 태도를 더 오래 본다. 어떤 선택을 했는지보다 그 선택이 남긴 실망 앞에서 어떤 얼굴로 남아 있었는지를 본다. 결정은 빠를수록 명확해야 한다. 그러나 태도는 느릴수록 단단해진다.

결정은 순간이지만 태도는 시간이다. 그리고 그 시간을 어떻게 견디느냐가 한 사람의 품격을 만든다.

물러날 줄 아는 책임

책임은 나서서 해결하는 능력이 아니라,
물러나도 무너지지 않게 만드는 힘이다.

오래 일을 하다 보니 한 가지를 늦게 배우게 되었다. 모든 문제를 끝까지 끌어안고 모든 설명을 내가 맡고, 모든 판단의 앞자리에 서는 것이 반드시 책임은 아니라는 사실이다. 한때 나는 책임 있는 사람일수록 더 많이 말해야 하고 더 오래 남아 있어야 하며, 끝까지 상황을 정리해야 한다고 믿었다. 그러나 그렇게 할수록 상황은 오히려 복잡해졌다. 설명은 길어졌고 논의는 특정 인물에게 집중되었으며 결정은 쉽게 내려지지 않았다.

책임을 지고 있다는 확신은 때때로 판단을 흐린다. 내가 나서야 한다는 생각이 강할수록, 다른 판단의 가능성은 자연스럽게 닫힌다. 모두가 나의 말과 태도를 기다리게 되고 문제는 구조가 아니라 개인의 역량에 기대게 된다. 그 순간 책임은 커 보이지만, 실제로는 위험해진다. 모든 것이 한 사람에게 집중될수록 조직은 취약해지고 결정의 무게는 개인을 넘어 감당하기 어려운 수준으로 쌓인다.

어떤 순간에는 내가 한마디를 더 보태는 것보다 판단이 이루어져야 할 자리로 문제를 넘기는 편이 훨씬 나았다. 내가 앞에 서 있을 때는 논의가 나를 중심으로 맴돌았지만, 한발 물러나자 비로소 각자의 역할이 작동하기 시작하는 경우도 있었다. 책임을 내려놓은 것이 아니라 책임이 작동할 수 있는 구조를 남겨 둔 셈이었다. 그때 처음으로 나는 깨달았다. 책임이란 언제나 전면에 서는 일이 아니라 결정이 제자리를 찾도록 자리를 비워 주는 일일 수도 있다는 것을 알았다.

물러난다는 것은 역할을 포기하는 일이 아니다. 오히려 내가 해야 할 역할을 다시 정의하는 과정에 가깝다. 나의 판단이 앞서야 할 때와 구조가 작동하도록 기다려야 할 때를 구분하는 일. 나의 말이 상황을 단순하게 만들 때와 오히려 복잡하게 만들 때를 아는 감각. 이 구분은 경험 없이 생기지 않는다. 책임을 맡아 본 사람만이 알 수 있는 늦은 깨달음에 가깝다.

사람들은 종종 물러남을 회피나 무책임으로 오해한다. 앞에 서지 않으면 책임을 지지 않는 것처럼 보이고 말을 줄이면 의지가 없는 것처럼 보인다. 그러나 실제로는 그 반대인 경우가 훨씬 많다. 모든 문제에 개입하지 않겠다는 선택, 모든 상황을 통제하지 않겠다는 결단은 오히려 더 큰 책임을 전제로 한다. 결과가 잘 풀리지 않았을 때, "내가 막지 않았다"는 변명을 할 수 없기 때문이다. 물러난 자리는 책임을 덜어 주지 않는다. 대신 책임의 성격을 바꾼다.

조직이 오래 버티기 위해서 꼭 필요한 책임은 늘 앞에서 끌고 가는 힘만이 아니다. 때로는 한발 물러나 다른 판단이 자랄 공간을 남기는 용기다. 내가 없어도 시스템이 작동하는지 내가 말을 하지 않아도 기준이 유지되는지 이런 질문 앞에 설 수 있을 때, 책임은 개인을 넘어 구조로 옮겨 간다. 그 순간 조직은 특정 인물에 의존하지 않게 되고 관계는 훨씬 단단해진다.

개인적인 관계에서도 마찬가지다. 모든 갈등을 직접 해결하려 들수록 관계는 숨이 막힌다. 때로는 상대가 스스로 판단하고 선택할 시간을 남겨 두는 편이 더 나은 결과를 만든다. 물러난다는 것은 관심을 거두는 것이 아니라 상대의 책임을 존중하는 태도다. 그 존중이 관계를 오래 이어 가게 한다.

나는 이제 책임을 이렇게 생각한다. 언제 나서야 하는지보다 언제 물러나야 하는지를 아는 능력. 앞에 서는 용기만큼, 뒤로 물러나는 판단을 갖는 것. 모든 문제를 내 몫으로 만들지 않으면서도 결과에서 도망치지 않는 태도. 이것이 물러날 줄 아는 책임이다.

책임은 항상 눈에 띄는 모습으로 남지 않는다. 오히려 가장 책임 있는 선택은 조용히 이루어지는 경우가 많다. 물러난 자리에서 구조가 작동하고, 판단이 이어지고, 관계가 유지된다면 그 책임은 이미 충분히 역할을 해낸 것이다. 물러남은 패배가 아니다. 때로는 가장 성숙한 책임의 형태다.

5부

흔들릴 때 지켜야 할 것들

"무너질 수 있는 순간에도, 사람은 태도로 남는다."

-비틸 수 없을 때. 힘이 아니라 방식이 남는다.

품격은
가난해도 잃지 않는다

상황이 흔들릴수록,
사람은 태도로 남는다.

사람들은 흔히 품격을 여유와 연결한다. 말투가 차분하고 옷차림이 단정하고, 선택의 폭이 넓을 때 품격도 따라온다고 믿는다. 그래서 형편이 어려워지거나 삶이 빠듯해지면 품격 역시 어쩔 수 없이 무너질 것처럼 말한다. 그러나 내가 현장에서 오래 보아온 모습은 그와 달랐다. 품격은 조건이 아니라 태도의 문제였고, 가난은 그 태도를 가리는 이유가 되지 못했다.

복지 현장에서 만난 사람들 가운데 가장 단단한 품격을 지닌 이들은 아이러니하게도 가장 많은 것을 잃어본 사람들이었다. 경제적 여유가 없고 선택지가 많지 않은 상황에서도 그들은 사람을 대하는 방식을 쉽게 내려놓지 않았다. 도움을 요청하면서도 상대를 깎아내리지 않았고 불편한 상황에서도 예의를 잃지 않았다. 그 태도는 누군가에게 잘 보이기 위한 장치가 아니라 스스로를 지키는 방식에 가까웠다.

가난은 사람을 초라하게 만들 수 있다. 그러나 품격을 무너뜨리는 것은 가난 그 자체가 아니라 가난을 이유로 태도를 포기하는 순간이다. 상황이 어렵다고 해서 약속을 가볍게 여기고 불리하다고 해서 상대를 탓하며 힘들다고 해서 예의를 내려놓는 선택들. 이런 선택들이 반복될 때, 사람은 경제적 어려움보다 더 큰 것을 잃는다. 존엄이다.

나는 종종 질문을 받는다. "그렇게 어려운 상황에서 어떻게 품위를 지킬 수 있느냐"고. 그러나 그 질문 자체가 이미 오해를 품고 있다. 품위를 지킨다는 것은 고상해진다는 뜻이 아니라 오히려 더 단순해지는 일이다. 하지 않아도 될 말을 하지 않는 것, 분노를 즉각 쏟아내지 않는 것, 상대를 함부로 판단하지 않는 것. 이런 선택들은 돈이 들지 않는다. 그러나 훈련이 필요하다.

복지제도는 사람의 삶을 돕기 위해 존재하지만, 제도가 품격을 대신 살아줄 수는 없다. 제도가 줄 수 있는 것은 지원과 기회이지 태도까지는 아니다. 그래서 나는 지원의 결과보다 지원을 받는 과정에서 어떤 태도가 남는지를 더 오래 본다.

상황을 설명하되 변명으로 흐르지 않는 사람, 도움을 받으면서도 관계의 선을 지키는 사람, 고개를 숙이되 스스로를 낮추지 않는 사람. 그들은 가난해도 스스로를 무너뜨리지 않는다.

품격은 특히 흔들릴 때 드러난다. 사정이 좋을 때는 누구나 점잖을 수 있다. 그러나 상황이 불리해졌을 때, 말과 태도가 달라지지 않는 사람은 많지 않다. 불편함을 이유로 무례해지지 않고 분노를 이유로 타인을 공격하지 않는 선택. 이 선택은 때로 손해처럼 보인다. 그러나 그 손해는 관계를 지키는 비용이고, 신뢰를 남기는 투자다.

사회는 종종 가난한 사람에게 두 가지를 동시에 요구한다. 참고 견디라는 말과, 품격을 지키라는 기대다. 이 모순은 쉽게 사람을 지치게 한다. 그래서 나는 품격을 요구하기보다 품격을 지킬 수 있는 조건을 먼저 고민해야 한다고 생각한다. 그러나 동시에 분명한 것도 있다. 어떤 상황에서도 스스로를 함부로 대하지 않는 선택은 가능하다는 사실이다. 그 선택은 작고 조용하지만, 사람을 끝까지 지탱한다.

품격은 타인을 설득하기 위한 외형이 아니다. 그것은 스스로를 대하는 방식이다. 상황이 어려워도 기준을 버리지 않는 태도, 도움받으면서도 책임을 놓지 않는 자세, 불리해도 사람을 잃지 않겠다는 선택. 이 모든 것은 여유가 아니라 결심에서 나온다.

나는 이제 품격을 이렇게 정의한다. 상황이 흔들릴수록 더 단순해지는 태도, 조건이 나빠질수록 더 조심해지는 말, 그리고 무엇보다 스스로를 함부로 대하지 않는 선택. 가난은 많은 것을 빼앗을 수 있지만, 품격까지 빼앗을 권리는 없다. 품격은 지켜지는 것이 아니라 지키는 것이다.

흔들릴 때 지켜낸 태도는 시간이 지나도 남는다. 그것은 돈처럼 사라지지 않고, 성과처럼 평가되지도 않는다. 그러나 사람의 얼굴에, 관계의 결에, 삶의 방향에 고스란히 남아 있다. 그래서 나는 믿는다. 품격은 가난해도 잃지 않는다. 다만, 지킬 의지가 필요할 뿐이다.

분노를 다루는 방식

분노는 억제할 대상이 아니라
판단을 위해 다뤄야 할 신호다.

분노는 사라지지 않는다. 다만 어떻게 다루느냐에 따라 관계를 무너뜨리기도 하고 판단을 선명하게 만들기도 한다. 문제는 분노 그 자체가 아니라 분노를 대하는 방식이다. 우리는 흔히 분노를 억제하거나 폭발시키는 두 가지 극단으로 생각하지만, 실제로 중요한 것은 그 사이에 있다. 분노를 느끼되 그 감정이 판단의 주인이 되지 않도록 다루는 일. 이것은 훈련 없이는 거의 불가능한 일이다.

분노는 대부분 정당한 이유에서 시작된다. 무시당했다고 느낄 때, 기준이 지켜지지 않았을 때, 기대가 반복해서 어긋났을 때 사람은 분노한다. 그래서 많은 경우 분노는 틀린 감정이 아니다. 오히려 상황의 이상을 감지하는 신호에 가깝다. 문제는 이 신호를 해석하기도 전에 분노가 말과 행동을 앞질러 버릴 때다. 그 순간 분노는 문제를 드러내기보다 새로운 문제를 만든다.

나는 분노가 가장 위험해지는 순간이 '즉각적인 반응'이라고 생각한다. 화가 난 상태에서 빠르게 말하고, 즉시 판단하고, 곧바로 책임을 묻는 장면들. 그 속도감은 강해 보이지만, 대부분의 경우 상황을 단순하게 만들지 못한다. 오히려 관계는 경직되고 대화는 단절되며 문제의 본질은 가려진다. 분노가 속도를 얻을수록 판단은 방향을 잃는다.

분노를 다루는 첫 번째 방식은 속도를 늦추는 일이다. 감정을 없애려 애쓰지 않고 그 감정이 지나갈 시간을 허용하는 것. 이때 중요한 것은 침묵이 아니라 유예다. 말을 하지 않는 것이 아니라 지금 하지 않겠다고 결정하는 태도. 이 차이는 크다. 유예는 책임을 남기지만, 침묵은 종종 회피로 읽힌다.

두 번째는 분노를 설명하지 않는 것이다. 우리는 종종 화가 난 이유를 길게 설명함으로써 분노를 정당화하려 한다. 그러나 설명이 길어질수록 분노는 정리되기보다 확대된다. 설명은 상대를 설득하는 도구처럼 보이지만, 실제로는 감정을 고착시키는 역할을 하기도 한다. 분노는 설명의 대상이 아니라 해석의 대상이다. 왜 화가 났는지보다 무엇이 기준에서 어긋났는지를 분리해 볼 필요가 있다.

분노를 잘 다루는 사람은 감정을 앞세우지 않는다. 그렇다고 감정을 무시하지도 않는다. 그는 분노를 판단의 재료로만 사용한다. 이 상황에서 무엇이 문제인지, 어떤 기준이 흔들렸는지, 지금 필요한 대응이 무엇인지. 감정은 질문을 던지지만 즉각 답을 내리지는 않는다. 답은 언제나 기준과 책임의 몫이다.

조직이나 공적인 자리에서는 이 원칙이 더욱 중요해진다. 분노는 개인의 감정처럼 보이지만, 말로 옮겨지는 순간 그것은 구조의 신호가 된다. 한 사람의 분노가 조직 전체의 태도로 읽히기도 하고 개인의 표현이 기관의 입장처럼 받아들여지기도 한다. 그래서 분노를 그대로 표출하는 것은 감정의 솔직함이 아니라 책임의 결여로 해석될 위험이 크다.

사적 관계에서도 마찬가지다. 분노를 즉시 쏟아내는 관계는 순간의 통쾌함을 얻을 수는 있지만 오래 가기 어렵다. 반대로 분노를 무조건 참는 관계는 언젠가 더 큰 균열로 돌아온다. 분노를 다룬다는 것은 그 감정을 상대에게 던지지 않고도 관계 안에서 위치시키는 일이다. 말하지 않는 것이 아니라 다르게 말하는 선택이다.

나는 이제 분노를 느끼는 순간, 먼저 질문을 던진다. 이 감정이 나에게 알려 주는 것은 무엇인가. 지금 당장 말해야 할 문제인가, 아니면 태도로 남겨야 할 신호인가. 분노를 다루는 방식은 그 사람의 성격보다 그 사람이 지키려는 기준을 더 정확하게 드러낸다.

분노는 누구에게나 찾아온다. 그러나 분노를 어떻게 다루는지는 각자의 선택이다. 감정에 끌려갈 것인가, 감정을 통해 판단할 것인가. 이 선택의 차이가 관계의 결을 바꾸고 조직의 온도를 바꾸며, 결국 한 사람의 품격을 드러낸다.

분노를 잘 다룬다는 것은 차분해 보이는 일이 아니다. 오히려 가장 많은 에너지가 필요한 태도다. 즉각적인 반응을 유예하고, 말의 무게를 계산하며 감정과 판단을 분리하는 일. 그 어려운 과정을 견디는 사람이 있다. 그리고 그 사람 앞에서는 분노조차도 함부로 무너지지 않는다.

부끄러움을 아는 마음

부끄러움은 권력을 멈추게 하는
마지막 기준이다.

부끄러움은 개인의 감정처럼 보이지만, 사실은 공적인 감각에 가깝다. 그것은 누군가에게 들키지 않기 위해 느끼는 두려움이 아니라 스스로 넘지 않겠다고 정한 선 앞에서 작동하는 마음이다. 그래서 부끄러움은 법이나 규칙보다 먼저 사람을 멈추게 한다. 법은 사후에 작동하지만, 부끄러움은 사전에 사람을 붙든다. 이 감각이 살아 있을 때 사람은 최소한의 자기 검열을 유지한다. 그리고 이 감각이 사라질 때 사회는 조용히 균열을 시작한다.

요즘 우리는 국회의원을 바라보며 복잡한 감정을 느낀다. 각종 비위와 부적절한 언행, 그에 뒤따르는 해명과 발뺌. 잘

못의 경중을 떠나, 이후의 태도는 종종 실망을 남긴다. 사과보다 해명이 앞서고 책임보다 맥락 설명이 길어진다. 법적 문제는 없다는 말, 절차를 따랐다는 주장, 의도가 왜곡되었다는 항변. 그 말들이 반복될수록 시민이 느끼는 감정은 분노보다 냉소에 가까워진다. "이제는 놀랍지도 않다"는 말이 자연스럽게 나온다는 사실이 더 위험하다.

그럼에도 나는 이 지점에서 한 가지를 경계하고 싶다. 국회의원에 대한 존경심이 완전히 사라져도 괜찮은가라는 질문이다. 존경받지 못하는 정치인은 비판받아 마땅하다. 그러나 '존경이라는 감각 자체'를 사회가 완전히 내려놓아도 되는지는 다른 문제다. 존경이 사라진 자리는 곧 무관심으로 채워진다. 기대하지 않는 대상에게는 실망도 개선 요구도 남지 않는다. 그 순간 공적 권한은 통제받지 않는 힘이 된다.

물론, 국회의원은 완벽한 존재가 아니다. 그러나 완벽하지 않기 때문에 더더욱 부끄러움을 아는 태도가 필요하다. 공적인 권한은 사적인 도덕성을 완전히 대체할 수 없다. 법적 책임을 피할 수 있다고 해서 도덕적 책임까지 사라지는 것은 아니다. 부끄러움은 이 둘 사이를 잇는 최소한의 감각이다. "이 자리에 있는 내가 이래도 되는가"라는 질문을 스스로에게 던질 수 있는 마지막 장치다.

부끄러움을 잃은 권력은 말이 많아진다. 설명은 점점 정교해지고, 논리는 촘촘해진다. 그러나 그 말들 속에서 책임의 주체는 흐려진다. 반대로 부끄러움을 아는 사람의 말은 짧다. 그는 자신의 행위가 남긴 결과를 먼저 본다. 그리고 그 결과 앞에서 변명보다 인정에 가까운 태도를 취한다. 이 차이는 당장은 미미해 보이지만, 시간이 지나면 신뢰의 격차로 분명히 드러난다.

국회의원에 대한 존경은 개인에 대한 호감이 아니다. 그것은 제도에 대한 최소한의 신뢰이자 공적 역할에 대한 기대다. 우리는 국회의원이 도덕적으로 완벽하기를 요구하지 않는다. 다만 잘못 앞에서 뻔뻔하지 않기를, 책임을 피해 도망치지 않기를 바란다. 그래서 국회의원이 실수했을 때 더 엄격해진다. 더 많은 설명이 아니라 더 분명한 태도를 요구한다. 그 요구의 바탕에는 여전히 "그래도 이 자리는 달라야 한다"는 믿음이 깔려 있다.

부끄러움이 완전히 사라진 사회에서는 냉소만 남는다. 누가 어떤 잘못을 해도 놀라지 않고, 아무도 책임지지 않아도 그러려니 넘긴다. 그러나 그런 사회는 결국 더 큰 무책임을 낳는다. 기준이 낮아지면 권한은 더 거칠어지고 권한이 거칠어질수록 약자는 더 쉽게 밀려난다. 부끄러움이 사라진 자리는 늘 힘의 논리가 대신한다.

부끄러움은 약함이 아니다. 오히려 권한을 가진 사람이 끝까지 스스로를 붙드는 가장 단단한 힘이다. 잘못을 인정할 수 있는 용기, 한 발 물러설 줄 아는 판단, 침묵해야 할 순간을 아는 감각. 이 모든 것은 부끄러움을 아는 마음에서 출발한다. 그것은 스스로를 낮추는 행위가 아니라 자리를 지키는 방식이다.

나는 여전히 국회의원이라는 자리가 존경받을 수 있기를 바란다. 그것은 사람을 맹목적으로 믿기 때문이 아니라 그 자리에 요구되는 태도가 분명해야 사회가 흔들리지 않기 때문이다. 존경은 강요될 수 없지만, 부끄러움은 포기해서도 안 된다. 그 감각이 남아 있는 한, 우리는 여전히 더 나은 기준을 요구할 수 있다.

부끄러움을 아는 마음은 개인의 미덕을 넘어 사회의 안전장치다. 그것이 완전히 사라지지 않도록 요구하는 일, 바로 그 요구 자체가 아직 사회가 자신을 포기하지 않았다는 증거다. 기준을 요구하는 시민이 존재하는 한, 부끄러움은 완전히 사라지지 않는다. 그리고 그 감각이 남아 있는 사회만이 다시 존경을 회복할 수 있다.

흔들려도 기준은 남는다

상황은 변해도 넘지 않은 선은 남는다.
그 선이 바로 기준이다.

흔들림은 언제나 예상보다 조용하게 찾아온다. 누군가 큰
소리로 기준을 무너뜨리자고 말하지 않는다. 대신 상황을 설
명하고 사정을 덧붙이고 이해를 요청한다. 지금은 예외가 필
요하다는 말, 한 번쯤은 유연해도 되지 않느냐는 질문. 기준
은 그렇게 조정의 언어로 시험대에 오른다. 평온할 때 지켜지
는 원칙은 많지만, 흔들릴 때 끝까지 남는 기준은 많지 않다.

우리는 종종 기준을 고집과 혼동한다. 상황을 고려하지 않
는 태도, 사람을 보지 않는 판단이라고 말한다. 그러나 기준
은 감정을 배제하기 위해 존재하는 것이 아니다. 오히려 감
정이 판단을 압도하지 않도록 중심을 붙드는 장치에 가깝다.

기준이 없다면 판단은 매번 새로 시작되고, 그때마다 힘이 센 논리와 큰 목소리가 방향을 결정하게 된다.

공적인 조직에서는 이런 순간이 반복된다. 개인으로 보면 충분히 이해할 수 있는 선택이지만, 그 자리가 요구하는 역할의 전제와는 어긋나는 경우다. 능력도 있고 성실해 보이지만, 공적 책임보다 개인의 가치가 앞서는 선택을 하고 있는 상황. 이때 기준을 흐리면 당장은 갈등이 줄어든다. 설명도 쉬워지고 관계도 매끄러워진다. 그러나 그 선택은 다음 판단에서 더 큰 혼란을 남긴다. 기준이 사람에 따라 달라질 수 있다는 신호를 남기기 때문이다.

나는 이런 순간에 기준을 개인의 성향이나 의지보다 그 자리가 무엇을 전제로 작동하는지로 되돌려 보려고 노력했다. 그 역할은 개인의 다양성을 최대한 존중하는 자리인지, 아니면 공적 판단에 대한 일관성과 신뢰를 먼저 요구하는 자리인지 이 질문 앞에서 기준이 분명해지면 판단은 의외로 단순해진다. 이해하지 못해서가 아니라 그 자리가 요구하는 선을 넘지 않기 위한 선택이라는 점이 분명해지기 때문이다.

물론 이런 판단은 오해를 동반하기 쉽다. 사람을 가려낸다는 말, 융통성이 없다는 평가, 너무 냉정하다는 원망과 비판도 따라올 수 있다. 그러나 기준을 한 번 상황에 맞춰 조정하기 시작하면 다음 기준은 더 쉽게 흔들린다. 처음에는 작은 예외였던 것이 곧 관행이 되고, 관행이 된 예외는 기준을 잠식한다. 기준은 그렇게 서서히 사라진다.

흔들릴 때 기준을 지킨다는 것은 누군가를 배제하거나 밀어내는 선택이 아니다. 무엇을 받아들이지 않겠다는 선언에 가깝다. 이 자리가 허용하지 않는 것, 이 역할이 감당해서는 안 되는 선을 분명히 하는 일. 그 기준이 유지될 때 판단은 개인의 호불호가 아니라 구조의 선택으로 남는다. 시간이 지나면 그 기준이 누구를 위한 것이었는지도 조금씩 드러난다.

기준을 지킨 선택은 종종 즉각적인 보상을 주지 않는다. 오히려 불편함과 침묵을 남긴다. 설명해야 할 말은 늘어나고 이해받지 못했다는 감각도 따라온다. 그러나 시간이 흐르면, 그 기준은 판단의 출처를 분명히 만든다. 왜 그때 그런 선택을 했는지 무엇을 지키기 위해 불편을 감수했는지가 설명 없이도 드러난다.

흔들림 속에서 기준을 지켜낸 경험은 다음 선택에서 나를 다시 그 자리로 데려온다. 상황은 달라져도 판단의 축은 남는다. 기준은 매번 새로 세우는 것이 아니라 지켜낸 경험 위에서 단단해진다. 그래서 기준은 선언보다 기억에 가깝다. 흔들렸지만 넘지 않았던 순간들이 쌓여 만들어진다.

나는 이제 판단의 결과보다 기준이 유지되었는지를 더 오래 본다. 무엇을 얻었는지보다 무엇을 바꾸지 않았는지를 돌아본다. 상황은 언제나 변한다. 그러나 기준이 남아 있다면, 그 변화 속에서도 길을 잃지 않는다. 흔들려도 기준은 남는다. 그리고 그 기준이 결국 사람과 조직을 설명하는 가장 오래가는 문장이 된다.

나 자신을 대하는 태도

나를 존중하는 방식까지가 책임이다.

나는 유쾌하고 낙천적인 사람으로 보인다는 말을 종종 듣는다. 일을 빠르게 정리하고 결정을 미루지 않으며, 책임을 피하지 않는 태도 때문일 것이다. 실제로 나는 상황을 정리하고 방향을 잡는 일을 비교적 편안하게 해왔다. 그러나 그런 외부의 이미지와 달리, 나 자신을 대하는 태도는 훨씬 엄격했다. 타인에게 허용하던 여지를, 정작 나 자신에게는 거의 주지 않는 사람이었다.

실수는 곧바로 정리해야 할 문제였고 감정은 통제되지 않으면 방해물처럼 취급했다. 피로는 의지로 넘길 수 있는 변수였고 흔들림은 스스로 관리하지 못한 결과라고 여겼다. 다른 사람의 사정은 이해하면서도 내 사정 앞에서는 늘 "그 정도는 감당해야 한다"는 말부터 꺼냈다. 스스로를 다그치는 방식이 성실함이고 기준을 높게 유지하는 일이라고 믿었던 시간들이었다.

그러다 문득 이상하다는 생각이 들었다. 나는 조직에서 사람을 그렇게 다루지 않으면서 유독 나 자신에게만은 그 방식을 적용하고 있었다. 성과가 나오지 않으면 즉시 문제로 분류하고 여유를 허용하지 않으며 소진의 신호조차 의지 부족으로 해석했다. 나는 나 자신을 관리 대상처럼 대하고 있었다.

조직에서 중요한 인력을 대할 때 우리는 장기적인 관점을 먼저 고려한다. 당장의 효율보다 지속 가능성을 보고 실수는 제거의 근거가 아니라 학습의 맥락으로 읽는다. 컨디션과 환경을 함께 살피며 배치를 조정한다. 그런데 나는 나 자신에게만은 그 기준을 적용하지 않았다. 늘 최전선에 세워두고 언제나 준비되어 있어야 한다고 요구했다.

이 인식은 나를 느슨하게 만들기 위한 깨달음이 아니었다. 오히려 오래 가기 위해 필요한 판단에 가까웠다. 지금의 방식으로는 다음 선택을 책임질 수 없겠다는 생각이 들었기 때문이다. 나 역시 단기적으로 소모해도 되는 자원이 아니라 장기적으로 함께 가야 할 핵심 자원이라는 사실을 인정해야 했다.

그 이후로 나는 나 자신에게 묻는 질문을 조금 바꾸었다. "왜 이 정도도 못하느냐" 대신 "이 상태로 얼마나 더 지속할 수 있느냐"를 묻기 시작했다.

기준을 낮춘 것이 아니라 기준을 유지하는 방식을 바꾼 것이다.

나 자신을 존중한다는 것은 나약해지는 일이 아니다. 오히려 스스로의 한계를 정확히 아는 일이다. 무리하지 않겠다는 선언이 아니라 무너질 방식으로는 버티지 않겠다는 선택이다. 감정을 방치하는 것이 아니라 감정이 판단을 왜곡하지 않도록 관리하는 태도다.

나는 여전히 나에게 기대한다. 쉽게 봐주지 않는다. 다만 그 기대를 처벌처럼 사용하지 않으려 한다. 실패했을 때 바로 다음 계획을 세우되 스스로를 깎아내리는 말은 덧붙이지 않는다. 흔들렸다면 원인을 분석하되 그 흔들림을 결함으로 규정하지 않는다. 이것은 자기합리화가 아니라 지속 가능성을 위한 책임 있는 태도다.

돌이켜보면 나 자신을 가장 힘들게 한 것은 일이 아니라 나를 대하는 방식이었다. 기준이 높아서가 아니라 회복의 시간을 허락하지 않았기 때문이다. 나 자신을 소모시키면서 책임을 이야기할 수는 없었다. 책임은 버텨 내는 힘에서 나오지만 갈아 넣는 방식에서는 나오지 않는다.

이제 나는 나 자신을 동료처럼 대하려 한다. 함께 오래 가야 할 사람으로 여긴다. 함부로 몰아붙이지도 방치하지도 않으며 기준은 분명히 하되, 소진을 성실함으로 착각하지 않는 태도. 그것이 내가 나 자신에게 남기고 싶은 최소한의 예의다.

나 자신을 대하는 태도는 결국 삶의 속도를 결정한다. 빨리 가는 것보다, 끝까지 가는 쪽을 선택하기로 했다. 그리고 그 선택은 내가 앞으로도 책임을 말할 수 있게 하는 가장 현실적인 기반이 된다.

스스로에게 변명하지 않는 삶

자기 자신을 속이지 않는 것이
삶의 기준을 지키는 가장 마지막 선택이다.

변명은 대개 타인을 향한 언어처럼 보인다. 상황을 설명하고 책임을 분산시키고 오해를 바로잡기 위해 꺼내는 말. 그러나 내가 오래 지켜본 변명의 대부분은 타인보다 자기 자신을 향해 먼저 사용된다. 우리는 남을 설득하기 전에 스스로를 납득시키려 애쓴다. 그래서 변명은 외부의 공격을 막는 방패라기보다, 내부의 불편함을 잠시 눌러두는 장치에 가깝다.

스토아 철학자 에픽테토스는 "우리를 괴롭히는 것은 사건이 아니라 그 사건에 대한 우리의 판단이다"라고 말했다. 이 말은 변명의 구조를 정확히 찌른다. 우리는 실패나 미완의 선택 그 자체보다 그것을 어떻게 해석하느냐에 따라 스스로를 풀어주거나 옭아맨다. 변명은 판단을 완화하는 가장 빠른 방식이다. 그러나 그 완화는 문제를 해결하지 않는다. 다만 문제를 다음으로 넘길 뿐이다.

스스로에게 변명하는 삶은 생각보다 교묘하다. "지금은 여건이 안 됐다", "그때는 최선이었다", "어쩔 수 없는 선택이었다." 이 말들은 대부분 사실이다. 그래서 더 위험하다. 사실이라는 이유로 우리는 그 말 뒤에서 멈춘다. 변명은 과거를 설명하지만, 미래를 준비하지 않는다. 같은 장면은 형태만 바꾼 채 반복되고 우리는 또 다른 이유를 준비한다. 그렇게 삶은 점점 설득의 언어로 채워진다.

나는 한동안 변명을 합리성으로 착각했다. 감정이 앞서지 않게 정리된 언어, 맥락을 고려한 설명, 구조적 한계를 짚는 태도는 성숙해 보였다. 그러나 니체가 말했듯 "가장 교묘한 거짓말은 스스로에게 하는 거짓말"이다. 설명이 길어질수록 행동은 늦어지고 판단은 흐려진다. 스스로를 충분히 설득해 버리면 바꿔야 할 이유도 함께 사라진다.

스스로에게 변명하지 않는다는 것은 자신을 몰아붙이는 일이 아니다. 실패를 부정하지도 않는다. 오히려 실패를 실패로 정확히 부르는 일에 가깝다. "그럴 수 있었다"에서 멈추지 않고 "그래서 다음에는 무엇을 달리 할 것인가"까지 묻는 태도. 아리스토텔레스가 말한 '덕은 반복되는 선택의 결과'라는 문장은 바로 이 지점을 가리킨다. 변명을 멈춘 자리에서만 선택은 훈련이 된다.

이 태도는 아주 사소한 장면에서 먼저 드러난다. 피로를 이유로 미뤄둔 일, 준비 부족을 탓하며 넘긴 약속, 감정을 핑계로 회피한 대화들 앞에서 우리는 스스로에게 관대해진다. 관대함 자체가 문제는 아니다. 문제는 그 관대함이 기준을 흐리는 방식으로 작동할 때다. 기준이 흐려지면 선택은 가벼워지고 그 선택은 다시 변명을 부른다. 이 순환은 삶의 밀도를 서서히 낮춘다.

칸트는 인간의 존엄을 "스스로에게 법을 부과할 수 있는 존재"라고 정의했다. 스스로에게 변명하지 않는다는 것은 그 법을 외부가 아니라 자기 안에서 유지하는 일이다. 아무도 보지 않는 순간에도 기준을 낮추지 않는 태도. 실패를 합리화하지 않고 선택의 결과를 자기 몫으로 인정하는 용기는 고통스럽지만, 사람을 단단하게 만든다.

물론 이 과정은 불편하다. 자신에게 가장 설득력 있는 논리를 내려놓아야 하기 때문이다. 그러나 그 불편함을 통과하면 얻는 것이 있다. 말이 줄어들고 판단이 단순해지며 행동의 속도가 빨라진다. 더 이상 설명으로 에너지를 소모하지 않기 때문이다. 하이데거가 말한 것처럼 "진정성은 설명이 아니라 결단에서 드러난다."

나는 이제 스스로에게 묻는 질문을 바꾸려 한다. "왜 그럴 수밖에 없었는가" 대신 "이 선택을 계속 가져갈 것인가"를 묻는다. 상황을 이해하는 데서 멈추지 않고 태도를 수정하는 데까지 나아가려 한다. 스스로에게 변명하지 않는다는 것은 자신을 혹독하게 다루는 일이 아니라 자기 자신을 속이지 않겠다는 약속에 가깝다.

삶은 늘 충분한 변명을 제공한다. 시간은 부족하고 여건은 완벽하지 않으며 상황은 언제나 복잡하다. 그럼에도 변명을 덜어낸 자리에 남는 선택들이 있다. 그 선택들은 화려하지 않지만, 반복될수록 사람을 바꾼다. 스스로에게 변명하지 않는 삶은 대단한 결심에서 시작되지 않는다. 오늘의 작은 선택 앞에서 설명보다 행동을 택하는 순간부터 조용히 시작된다.

남기고 싶은 이름

사람은 결국 무엇을 이뤘는지가 아니라
어떤 태도로 남았는지로 기억된다.

사람은 누구나 이름을 남긴다. 의도했든 의도하지 않았든 살아온 방식은 결국 이름에 붙는다. 어떤 사람으로 불렸는지 어떤 순간에 어떤 태도를 보였는지 무엇을 얻었고 무엇을 지키려 했는지가 시간이 지나 이름처럼 남는다. 그래서 나는 점점 '무엇을 이루었는가'보다 '어떤 이름으로 기억될 것인가'를 더 자주 생각하게 되었다.

이름은 직함으로 남지 않는다. 한때 불렸던 호칭이나 맡았던 자리는 시간이 지나면 사라진다. 그러나 그 자리에 있었던 사람의 태도는 남는다. 어려운 순간에 어떤 말을 했는지 책임 앞에서 한발 물러섰는지 끝까지 버텼는지, 불리해졌을 때 기준을 바꿨는지 지켜냈는지가 결국 이름의 내용을 만든다. 그래서 이름은 스스로 포장할 수 있는 것이 아니라 반복된 선택이 쌓여 만들어지는 기록에 가깝다.

나는 오랫동안 여러 자리에서 일해 왔다. 가르치는 자리 판단을 전달하는 자리 책임을 나누는 자리. 그 모든 자리에서 매번 완벽할 수는 없었다. 물론, 실수와 오해도 있었고 나의 선택이 모두에게 환영받지 못했던 순간도 있었다. 그럼에도 스스로에게 놓지 않으려 했던 질문이 있다. 이 선택은 나중에 어떤 이름으로 남을까. 지금은 편해질 수 있지만, 시간이 지나도 설명할 수 있는 선택일까. 아니면 언젠가 변명해야 할 결정일까.

사람들은 흔히 '이름을 남긴다'는 말을 성취의 언어로 이해한다. 눈에 보이는 결과나 숫자로 증명되는 성과, 기록으로 남는 업적을 떠올린다. 그러나 내가 실제로 기억하게 되는 이름들은 달랐다. 오래 남는 이름은 대개 조용했다. 자신의 일을 크게 말하지 않았고 공을 혼자 차지하지 않았으며 필요 이상으로 자신을 드러내지 않았다. 대신 중요한 순간마다 자리를 지켰다. 불리한 선택 앞에서도 태도를 바꾸지 않았다. 그래서 시간이 지나도 그 이름은 흐려지지 않았다.

나 역시 그런 이름을 남기고 싶다. 늘 옳았던 사람의 이름이 아니라 흔들릴 때도 기준을 놓지 않았던 사람의 이름. 상황이 바뀔 때마다 말을 바꾸지 않았고 책임을 나눌 수 있었던 순간에도 앞에 남았던 사람의 이름. 잘 보이기 위해 선택하지 않았고 편해지기 위해 물러서지 않았던 사람으로 기억되고 싶다. 이 책을 쓰는 과정은 나에게도 하나의 점검이었다. 이 문장은 어떤 이름을 남길까. 이 말은 시간이 지나도 부끄럽지 않을까. 이 침묵은 회피일까, 아니면 책임일까. 그 질문들은 나를 조심스럽게 만들었고 때로는 느리게 만들었다. 그러나 그 느림 덕분에 놓치지 않은 것들도 있었다. 즉각적인 반응보다 오래 남는 태도를 선택하게 되었고 순간의 평가보다 시간의 신뢰를 더 중요하게 여기게 되었다.

나는 이제 결과보다 과정에 남는 이름을 생각한다. 어떤 일을 했는지보다, 그 일을 어떤 태도로 감당했는지를 돌아본다. 역할은 언제든 바뀔 수 있고 자리는 달라질 수 있다. 그러나 기준은 남는다. 그 기준을 끝까지 지켜냈는지가 결국 이름이 된다.

지금 이 순간에도 나는 하나의 선택 앞에 서 있다. 이 선택이 무엇으로 불릴지는 아직 알 수 없다. 다만 분명한 것은 어떤 위치에 서든 같은 기준으로 나 자신을 설명하고 싶다는 점이다. 상황이 달라져도 태도를 바꾸지 않는 사람, 역할이 바뀌어도 기준을 내려놓지 않는 사람으로 남고 싶다.

이름은 미래에 붙는 것이 아니다. 지금의 선택이 곧 이름이 된다. 그래서 나는 오늘도 조용히 이름을 만들고 있다. 화려하지 않아도 좋고 빠르지 않아도 괜찮다. 다만 시간이 지나도 지워지지 않는 이름이기를 바란다. 누군가가 그 이름을 떠올릴 때, 성과보다 태도를 먼저 기억해 주기를 바란다.

내가 남기고 싶은 이름은 거창하지 않다. 흔들릴 때 기준을 잃지 않았던 사람, 책임 앞에서 물러서지 않았던 사람, 그리고 끝내 자기 자신에게 부끄럽지 않았던 사람. 그 이름 하나면 충분하다.

나이가 아니라
깊이가 쌓일 때

사람은 오래 살면서 늙는 것이 아니라
선택을 통해 깊어진다.

   사람들은 종종 나이를 기준으로 사람을 판단한다. 몇 년을 살았는지 얼마나 오래 일했는지, 어떤 자리를 거쳤는지를 묻는다. 연차는 설명이 쉽고 숫자는 설득력이 있어 보인다. 그래서 우리는 나이가 들면 자동으로 깊어질 것이라 기대한다. 그러나 시간이 흐르면서 나이는 저절로 쌓이지만, 깊이는 선택하지 않으면 생기지 않는다는 사실을 나는 분명히 알게 되었다.

   같은 시간을 살아도 사람의 밀도는 전혀 다르다. 어떤 사람은 해마다 조금씩 단단해지고, 어떤 사람은 같은 자리에 머문다. 나이를 먹는다는 것은 반복되는 하루를 견뎠다는 의미

일 뿐, 그 하루를 어떻게 통과했는지까지 말해 주지는 않는다. 깊이는 겪은 사건의 크기가 아니라 그 사건을 다룬 방식에서 만들어진다.

깊이가 쌓이는 사람에게는 공통점이 있다. 그는 쉽게 단정하지 않는다. 상황을 빨리 파악하려 하기보다 맥락을 끝까지 보려 한다. 누군가의 실수 앞에서 즉각적인 평가보다 한 번 더 질문을 남긴다. 자신의 경험을 기준으로 삼되, 그것이 유일한 정답이라고 믿지 않는다. 그래서 그의 말은 조심스럽고 판단은 늦어 보이지만, 결과적으로 더 멀리 간다.

반대로 나이만 쌓인 사람의 말은 종종 가볍다. 경험을 무기처럼 사용하고 과거의 성공을 현재의 판단 근거로 삼는다. "내가 해봐서 안다"는 말이 잦아질수록, 그는 지금 앞에 있는 사람을 보지 않게 된다. 깊이는 타인을 향해 열려 있어야 생기는데 확신이 많아질수록 그 문은 닫히기 쉽다.

깊이는 실패를 통과한 사람에게서 더 자주 발견된다. 잘된 일보다, 잘되지 않았던 선택 앞에서 무엇을 배웠는지가 깊이를 만든다. 실패를 덮지 않고 변명으로 정리하지 않고 다음 판단에 반영한 사람은 같은 실수를 반복하지 않는다. 그는 실패를 경력의 흠으로 남기지 않고 사고의 층으로 쌓는다. 그 층이 많아질수록 말은 줄고, 태도는 단단해진다.

깊이가 있는 사람은 자신의 한계를 안다. 무엇을 모르는지 어디까지 책임질 수 있는지 언제 물러나야 하는지를 알고 있다. 그래서 그는 모든 문제에 의견을 내지 않는다. 말해야 할 순간과 침묵해야 할 순간을 구분한다. 그 구분은 경험이 아니라 성찰에서 나온다. 많이 겪었다고 해서 깊어지는 것이 아니라 겪은 것을 돌아봤을 때 깊이가 생긴다.

나는 나이를 먹으며 점점 더 많은 것을 안다고 느끼기보다 모르는 것이 분명해졌다고 느낀다. 이 감각은 불안보다는 경계에 가깝다. 쉽게 판단하지 않게 만들고, 말 앞에서 한 번 더 멈추게 한다. 그 멈춤이 쌓이면서 나이는 숫자가 되고 깊이는 태도가 된다.

깊이는 드러내려 할수록 사라진다. 설명하려 들수록 얕아지고 증명하려 할수록 가벼워진다. 그래서 깊이가 있는 사람은 자신의 깊이를 말하지 않는다. 대신 같은 기준을 반복해서 지키고 상황이 달라져도 태도를 바꾸지 않는다. 그 일관성이 주변 사람들에게 '깊이'로 인식될 뿐이다.

우리는 종종 나이에 기대어 존중받고 싶어 한다. 그러나 진짜 존중은 나이에서 나오지 않는다. 어려운 순간에 보여준 태도 불리한 상황에서도 지켜낸 기준, 책임 앞에서 도망치지 않았던 선택들이 사람을 신뢰하게 만든다. 그 신뢰가 쌓일 때 비로소 깊이는 조용히 드러난다.

　나는 이제 스스로에게 묻는다. 지금 이 선택은 나이를 더하는가, 아니면 깊이를 더하는가. 이 말은 경험을 반복하는 말인가, 아니면 생각을 갱신하는 말인가.

　나이는 누구에게나 쌓인다. 그러나 깊이는 매번 선택해야 한다. 생각을 멈추지 않기로 판단을 유보하기로 타인을 쉽게 규정하지 않기로 한 그 선택들이 쌓일 때, 사람은 늙지 않고 깊어진다.

　나이가 아니라 깊이가 쌓일 때 그 사람은 조용히 오래 남는다.

사람의 품격은
끝에서 보인다

진짜 차이는 일이 끝나갈 때,
자리를 내려놓아야 할 때 드러난다.

　사람의 품격은 시작에서 드러나지 않는다. 처음에는 누구
나 의욕적이고 말은 단정하며 태도는 정돈되어 있다. 새로
맡은 역할, 막 시작한 관계, 이제 막 출발선에 선 순간에는 대
부분 비슷해 보인다. 진짜 차이는 시간이 흐르고 일이 끝나
갈 때 관계가 정리될 때 자리를 내려놓아야 할 때 비로소 드
러난다. 더 이상 주목받지 않아도 되는 순간, 기대가 줄어들
고 평가의 시선이 옅어질 때 어떤 태도로 남아 있는지가 그
사람을 설명한다.

　끝은 종종 실패의 다른 이름으로 오해받는다. 잘 마무리하
지 못했다는 이유로 밀려난 흔적으로 여겨진다. 그래서 많은

사람들은 끝을 서둘러 지나가려 한다. 정리보다 이동을 택하고 책임보다 다음 계획을 먼저 말한다. 그러나 끝을 성실히 통과하지 않은 시작은 늘 어딘가 불안정하다. 정리되지 않은 감정과 설명되지 않은 판단은 다음 자리로 고스란히 옮겨간다.

사람들은 흔히 결과로 끝을 평가한다. 성과가 있었는지 박수를 받았는지 좋은 기억으로 남았는지. 그러나 품격은 결과보다 태도에 가깝다. 일이 기대만큼 되지 않았을 때 관계가 매끄럽게 정리되지 않았을 때 역할에서 물러나야 할 때, 어떤 말로 상황을 정리하는지 어디까지 책임을 인정하는지가 그 사람의 기준을 드러낸다.

끝에서 품격을 잃는 가장 쉬운 방법은 변명이다. 상황을 설명하고 조건을 나열하며 불가피함을 강조한다. 물론 모든 끝이 개인의 잘못은 아니다. 구조의 한계도 있고 통제할 수 없는 변수도 있다. 그러나 끝을 자신의 몫으로 받아들이지 않는 순간, 태도는 가벼워진다. 책임을 내려놓는 태도는 곧 신뢰를 내려놓는 태도가 된다.

나는 끝을 하나의 장면이 아니라 과정으로 보게 되었다. 끝은 문을 닫는 행위가 아니라 다음 문이 열릴 조건을 만드는 시간이다. 무엇을 남겼는지 어떤 선을 지켰는지 어디까지 책임졌는지가 이후의 시작을 규정한다. 그래서 끝은 종결이 아니라 전환에 가깝다. 끝을 어떻게 통과했는지가 다시 같은 질문 앞에 섰을 때의 태도를 바꾼다.

이런 순환의 감각은 나를 끝 앞에서 더 조심하게 만든다. 더 이상 할 일이 없다고 해서 태도를 줄이지 않고 관심이 옮겨갔다고 해서 책임을 덜지 않는다. 오히려 끝에 가까워질수록 말은 줄이고 행동은 단정히 하려 한다. 마지막 인상이 전체를 덮는다는 사실을 알기 때문이다. 끝에서 흐트러진 태도 하나가 그 이전의 모든 성실을 가려버리는 경우를 여러 번 보아왔다.

끝을 잘 맺는 사람은 새로운 시작을 과장하지 않는다. 이미 태도로 설명했기 때문이다. 반대로 끝에서 태도를 흩트린 사람은 다음 시작에서 더 많은 말을 해야 한다. 자신을 다시 증명해야 하기 때문이다. 이 차이는 당장은 드러나지 않지만, 시간이 지나면 분명해진다. 사람들은 결국 결과보다 기억을 남기고 기억은 태도에서 만들어진다.

나는 끝을 두려워하지 않으려는 대신 가볍게 넘기지 않으려 한다. 끝을 돌아보고 정리하고, 책임의 선을 확인하는 시간을 갖는다. 그래야 시작이 반복이 아니라 갱신이 된다. 끝에서 무엇을 바꾸지 않았는지가, 다음 시작에서 무엇을 지킬 수 있는지를 말해준다.

사람의 품격은 끝에서 보인다. 그러나 그 끝은 사라지는 지점이 아니라, 다시 돌아오는 자리다. 끝을 성실히 통과한 사람만이 같은 질문 앞에서 다른 선택을 할 수 있다. 나는 그 순환을 믿는다. 그래서 끝을 존중한다. 끝을 대하는 태도가 결국 한 사람의 깊이를 만들고, 그 깊이가 다음 시작의 방향을 결정한다고 믿기 때문이다.

6부

떠난 뒤에야 보이는 것들

"말이 사라진 자리에서, 태도는 끝까지 남는다."

– 함께 있을 때는 보이지 않던 사람의 기준이, 부재 속에서 비로소 완성된다.

끝까지 남는 사람들의 공통점

말과 성과가 사라진 뒤에도
태도가 먼저 떠오르는 사람이 있다.

사람은 생각보다 쉽게 잊힌다. 함께 일했던 시간의 길이나
자주 오갔던 말의 양이 기억을 보장해 주지는 않는다. 한때
는 늘 곁에 있던 사람도 시간이 지나면 이름이 흐릿해진다.
나이가 오십을 넘기니 그 잊힘은 세월의 속도처럼 더 빨라진
다. 어떤 만남은 얼굴조차 잘 떠오르지 않고, 어떤 사람이었
는지조차 설명하기 어렵다. 그가 부족해서도, 잘못을 저질러
서도 아니다. 다만 남을 만큼의 태도가 남지 않았을 뿐이다.

강단에서 학생들을 만나며 말과 행동이 일치하지 않는 순
간들을 보았고, 복지 현장에서 삶의 가장 힘든 시간을 지나
는 사람들을 마주하며 선택이 삶을 어떻게 인도하는지 그 무

게를 배웠다. 국가의 중심에서 수많은 결정이 만들어지는 과
정을 지켜보며 말이 아닌 태도가 사람을 남긴다는 사실을 반
복해서 확인했다. 그 시간 동안 한 가지 질문이 늘 따라다녔
다. 왜 어떤 사람은 시간이 흐를수록 신뢰를 얻고, 어떤 사람
은 말이 많아질수록 가벼워지는가.

끝까지 남는 사람에게는 분명한 공통점이 있다. 그들은 상
황이 바뀌어도 태도가 크게 달라지지 않는다. 일이 잘될 때
와 어려워질 때의 얼굴이 다르지 않다. 유리할 때는 말을 아
끼고 불리할 때는 책임을 피하지 않는다. 기준을 쉽게 바꾸
지 않고 스스로 세운 원칙을 스스로 무너뜨리지 않는다. 그
래서 주변 사람들은 그를 예측할 수 있고, 그 예측 가능성은
신뢰로 이어진다.

반대로 금방 사라지는 사람에게도 공통된 특징이 있다. 그
들은 상황에 따라 태도를 조정한다. 오늘의 말과 내일의 말
이 다르고, 같은 질문에 다른 답을 내놓는다. 그 변화는 대개
명분을 동반한다. 상황이 달라졌다는 이유, 현실이 다르다는
설명, 주변을 배려한다는 말이 따라붙는다. 그러나 태도가 자
주 바뀌는 사람 곁에 사람들은 오래 머무르지 않는다. 기준
이 움직이는 사람 곁에서는 신뢰도 함께 움직이기 때문이다.

많은 사람은 잘될 때는 기준을 이야기한다. 원칙과 가치에

대해 쉽게 말한다. 그러나 상황이 나빠지면 기준을 조정한다. 처음에는 아주 작은 변화다. 말을 조금 바꾸고 설명을 조금 늘린다. 책임의 방향을 흐리고 선택의 무게를 가볍게 만든다. 그 변화는 겉으로 보기에는 사소해 보인다. 하지만 사람들은 그런 순간을 정확히 기억한다. 신뢰는 큰 실수에서 무너지는 것이 아니다. 반복되는 작은 태도의 흔들림 속에서 서서히 사라진다.

끝까지 남는 사람은 자신의 선택을 가볍게 취급하지 않는다. 결과가 좋을 때도 나쁠 때도 선택의 자리를 떠나지 않는다. 상황이 불리해졌다고 해서 말의 무게를 줄이지 않는다. 책임이 따르는 결정 앞에서 설명보다 행동을 먼저 내놓는다. 잘못을 인정해야 할 때는 이유를 붙이지 않는다. 그들은 자신의 말이 누군가에게 기준이 될 수 있다는 사실을 알고 있다.

이들은 관계 속에서도 같은 태도를 유지한다. 강자 앞에서만 조심하지 않고, 약자 앞에서도 태도를 흐트러뜨리지 않는다. 힘이 있는 사람에게만 예의를 보이고 힘없는 사람에게는 무례해지는 태도는 오래가지 못한다. 관계는 언젠가 위치를 바꾼다. 오늘의 약자가 내일의 결정권자가 되기도 한다. 사람들은 결국 자신이 어떻게 대우받았는지를 기준으로 상대를 기억한다.

끝까지 남는 사람일수록 스스로를 증명하려 애쓰지 않는다. 공로를 앞세우지 않고, 인정받지 못해도 기준을 낮추지 않는다. 보이지 않는 자리에서도 같은 태도를 유지한다. 그래서 그들은 빠르게 주목받지 않는다. 대신 시간이 흐른 뒤에야 평가가 따라온다. 그 평가는 숫자나 기록이 아니라 사람들의 기억으로 남는다.

시간은 사람을 가려낸다. 그 순간에는 중요해 보였던 말과 선택이 시간이 지나면 사라지고, 결국 태도만 남는다. 어떤 사람은 시간이 갈수록 가벼워지고, 어떤 사람은 시간이 흐를수록 무게를 얻는다. 그 차이는 재능이 아니라 반복된 태도에서 만들어진다.

그래서 이 질문은 결국 자신에게로 돌아온다. 나는 불리한 순간에도 같은 태도를 유지하고 있는가. 설명이 늘어날 때 기준은 여전히 분명한가. 보이지 않는 자리에서도 나의 선택은 같았는가. 이 질문에 흔들리지 않고 답할 수 있는 사람이 끝까지 남는다.

끝까지 남는다는 것은 오래 자리를 차지한다는 뜻이 아니다. 많은 흔적을 남겼다는 의미도 아니다. 누군가의 마음속에 한 번쯤 떠올릴 만한 얼굴로 남아 있다는 뜻이다. 그 자리에 이르는 방법은 단순하다. 매 순간 자신에게 부끄럽지 않은 태도를 선택하는 것. 그 선택이 쌓여 결국 사람을 남긴다. 그것이 끝까지 남는 사람들의 공통점이다.

말보다 오래 남는 행동

기준은 설명으로 남지 않고
반복된 행동으로 기억된다.

　사람은 말로 자신을 설명한다. 무엇을 중요하게 생각하는
지 어떤 기준을 가지고 있는지 우리는 대부분 말로 정리하
려 한다. 입장을 밝히고 원칙을 설명하고 스스로를 이해시키
는 문장을 준비한다. 말이 곧 태도라고 믿기 때문이다. 그래
서 중요한 순간마다 우리는 말을 먼저 고른다. 어떻게 말해
야 오해가 없을지 어떤 표현이 가장 합리적으로 들릴지를 계
산한다. 그러나 시간이 지나 돌아보면 그렇게 공들여 준비했
던 말이 얼마나 남아 있는지는 쉽게 떠오르지 않는다. 기억
속에서 말은 생각보다 빨리 흐려진다.
　반대로 오래 남는 것은 행동이다. 무엇을 말했는지가 아니

라 무엇을 실제로 했는지가 남는다. 말은 상황에 따라 수정되지만 행동은 선택의 결과로 남는다. 말은 설명으로 끝나지만 행동은 장면을 만든다. 그래서 사람들은 시간이 지날수록 말의 논리보다 행동의 방향을 기억한다. 그 사람이 어떤 주장을 했는지보다 어떤 순간에 어떤 선택을 했는지가 관계와 신뢰를 결정한다.

행동은 대개 조용하다. 특별히 드러낼 이유가 없고 굳이 강조할 필요도 없다. 오히려 행동은 말이 없을수록 더 분명해진다. 아무도 보지 않는 자리에서 어떤 태도를 유지했는지 책임이 명확하지 않을 때 어떤 쪽을 택했는지가 기준을 만든다. 행동은 즉각적인 반응을 얻지 못한다. 박수를 받지 않고 기록으로 남지도 않는다. 그래서 행동의 가치는 시간이 지나서야 드러난다.

나는 사회복지사로 복지관에서 2년 반 정도 일한 경험이 있다. 그 시절 함께 일했던 한 동료가 문득 떠오른다. 특별한 사건이 있던 날도 아니었고 평가나 점검이 예정된 날도 아니었다. 하루의 업무가 거의 끝나가던 늦은 오후였다. 대부분의 사람들은 각자의 일을 정리하고 퇴근을 준비하고 있었다. 그때 그녀는 말없이 남아 공동으로 정리해야 할 일들을 하나씩 마무리하고 있었다. 그것은 그녀의 담당 업무가 아니었고 군이 하지 않아도 문제 될 일은 아니었다. 누군가 시킨 것도 아니었고 알아주는 사람도 없었다. 그럼에도 그녀는 남아 정돈했고 그 행동에 대해 설명하지도 의미를 붙이지도 않았다. 그날은 그렇게 조용히 지나갔다.

그러나 시간이 흐른 뒤 중요한 일을 맡길 사람이 필요할 때마다 책임이 요구되는 순간마다 사람들은 자연스럽게 그녀를 떠올렸다. 왜 그 사람이 신뢰받는지 군이 말로 설명할 필요는 없었다. 이미 모두 알고 있었기 때문이다. 그날의 행동이 충분히 말하고 있었고 그 이후의 태도 역시 한결같았다는 사실을.

그 장면은 내게 오래 남았다. 화려하지도 극적이지도 않았지만 말보다 오래 남는 행동이 무엇인지 분명히 보여 주었기 때문이다. 기준은 그렇게 만들어진다는 사실을 나는 그때 배웠다. 기준은 선언으로 세워지지 않는다. 반복된 행동이 쌓여 자연스럽게 형성된다. 그래서 기준이 있는 사람은 자신의 원칙을 자주 말하지 않는다. 이미 행동으로 충분히 보여 주었기 때문이다.

말보다 행동이 오래 남는 이유는 단순하다. 말은 해명될 수 있지만 행동은 되돌릴 수 없기 때문이다. 말은 바뀔 수 있지만 행동은 기록으로 남는다. 누군가를 설득하려는 말은 시간이 지나면 잊히지만 그때 어떤 선택을 했는지는 관계 속에 남아 기준이 된다. 그래서 사람들은 어느 순간부터 말의 진정성보다 행동의 일관성을 본다.

행동은 때로 손해처럼 보인다. 하지 않아도 되는 일을 하게 만들고 말하지 않아도 되는 순간에 침묵을 선택하게 한다. 그래서 행동은 빠른 보상을 주지 않는다. 그러나 그 선택이 반복될수록 주변은 덜 흔들린다. 문제가 커지지 않고 관계가 쉽게 무너지지 않는다. 그 자리에 기준이 남아 있기 때문이다.

결국 사람을 설명하는 것은 말이 아니라 행동이다. 말은 순간을 채우지만 행동은 시간을 통과한다. 그래서 말보다 오래 남는 행동은 그 사람의 기준을 조용히 증명한다. 설명하지 않아도 이해되고 강조하지 않아도 기억된다. 사람은 결국 자신이 반복한 행동으로 남는다.

말보다 오래 남는 행동은 그래서 무겁다. 그 행동 하나하나가 쌓여 한 사람의 방향을 만든다. 말로 세운 원칙이 아니라 행동으로 넘기지 않은 선이 사람의 품격을 결정한다. 그리고 그 기준은 시간이 지나도 쉽게 닳지 않는다.

설명하지 않아도
전해지는 신뢰

말이 필요 없어질 때,
이미 신뢰는 조용히 작동하고 있다.

사람은 흔히 신뢰를 말로 얻는다고 믿는다. 잘 설명하면 이해받을 수 있고 충분히 이야기하면 오해는 사라진다고 생각한다. 그래서 우리는 관계의 중요한 순간마다 이유를 준비하고 맥락을 정리하며 진심을 전달하려 애쓴다. 말이 명확하면 상황도 정리될 것이라 기대한다. 그러나 시간이 지나고 나면 그 말들이 얼마나 설득력이 있었는지는 거의 기억되지 않는다. 대신 떠오르는 것은 설명이 필요 없었던 장면들이다. 아무 말이 없었는데도 고개가 끄덕여졌던 순간, 선택의 이유를 묻지 않아도 납득이 되었던 기억이다.

설명은 관계의 출발점에서는 필요하다. 서로를 잘 모를 때,

기준이 공유되지 않았을 때 말은 다리가 된다. 하지만 그 다리가 언제까지나 필요하다면 관계는 아직 건너편에 도착하지 못한 상태일지도 모른다. 신뢰는 설명이 반복될수록 쌓이는 것이 아니라 설명이 줄어들어도 불안하지 않을 때 비로소 자리를 잡는다. 말이 없어도 방향이 보일 때, 그때 사람들은 신뢰를 느낀다.

설명이 길어질수록 사람들은 의식하지 못한 채 계산을 시작한다. 왜 이렇게까지 말해야 하는지, 무엇을 강조하고 있는지, 어떤 부분을 덮고 있는지를 살핀다. 말은 진심을 전달하기 위한 수단이지만 때로는 태도의 공백을 메우는 장치로 읽히기도 한다. 설명이 많아질수록 신뢰가 쌓이는 것이 아니라 오히려 잔고가 줄어들고 있다는 신호가 된다.

신뢰가 쌓인 사람 앞에서는 질문의 결이 달라진다. 왜 그런 선택을 했는지를 캐묻기보다 그 선택이 어떤 결과를 낳을지를 함께 고민하게 된다. 그의 판단이 가볍지 않으리라는 전제가 이미 공유되어 있기 때문이다. 이 전제는 하루아침에 만들어지지 않는다. 책임을 정리해 온 방식, 성과를 다뤄 온 태도, 불리한 순간에 어떤 자리에 남아 있었는지가 차곡차곡 쌓여 형성된다. 사람들은 그 과정을 기억으로 저장한다.

대통령실에서 함께 일하던 한 행정관이 떠오른다. 그는 말을 많이 하는 사람이 아니었다. 회의에서 늘 앞에 나서지도 않았고 자신의 의견을 과장하지도 않았다. 그러나 중요한 판단이 필요한 순간이면 자연스럽게 시선이 그에게로 향했다. 전문 소견이 분명했고 상황을 넓게 보되 불필요한 해석을 덧붙이지 않았다. 무엇보다 자신의 판단이 미칠 영향을 끝까지 계산하는 사람이었다. 그래서 그의 말은 늘 짧았고 결정적인 순간에만 나왔다. 어느 날 중요한 사안을 두고 회의가 길어졌을 때도 그랬다. 그는 선택의 이유를 길게 설명하지 않았다. 몇 가지 핵심만 짚었고 이후의 책임이 어디에 놓여야 하는지만 분명히 했다. 그 순간 아무도 추가 설명을 요구하지 않았다. 반대도 없었다. 모두가 이미 알고 있었기 때문이다. 그의 판단이 말로 끝나지 않고 책임으로 이어질 것이라는 사실을.

그날 나는 분명히 느꼈다. 신뢰는 말을 잘하는 능력에서 만들어지지 않는다는 것을. 말이 필요 없어질 만큼 오랜 시간 쌓여 온 태도가 결국 사람을 믿게 만든다는 사실을.

관계가 깊어질수록 말은 줄어든다. 모든 감정을 해명하지 않아도 오해가 쌓이지 않고 침묵이 곧바로 불안으로 번지지 않는다. 기다림이 방치로 해석되지 않는 이유는 그 사이를 지탱하는 태도가 이미 충분히 쌓여 있기 때문이다. 설명하지 않아도 괜찮은 관계는 우연히 만들어지지 않는다. 그것은 오랜 시간 반복된 선택의 결과다.

반대로 말이 늘어나는 순간도 분명히 존재한다. 같은 이유를 여러 번 설명해야 하고 의도를 계속 증명해야 할 때다. 이때 사람들은 더 정확한 언어를 찾으려 애쓴다. 표현을 고치고 문장을 다듬으며 오해를 줄이려 한다. 그러나 실제로 필요한 것은 말의 정교함이 아니다. 신뢰의 잔고가 줄어들고 있다는 사실을 인정하는 일이다. 이 인식 없이 말을 덧붙일수록 관계는 더 빠르게 소모된다.

설명이 늘어나는 상황에서 관계를 다시 세우는 방법은 의외로 단순하다. 새로운 설명을 준비하는 것이 아니라 다시 행동이 말과 같은 자리에 서게 만드는 것이다. 말한 만큼 행동이 따라오고 선택한 만큼 책임이 남아 있을 때 설명은 자연스럽게 줄어든다. 신뢰는 설득으로 회복되지 않는다. 일관된 태도로만 돌아온다.

설명하지 않아도 전해지는 신뢰를 가진 사람은 조급하지 않다. 지금 당장의 오해를 모두 풀려 하지 않고 즉각적인 이해를 요구하지도 않는다. 시간이 결국 태도를 증명해 줄 것이라는 사실을 알고 있기 때문이다. 그래서 그는 말보다 행동을 먼저 점검한다. 오늘의 선택이 내일의 설명을 대신할 수 있는지를 스스로에게 묻는다.

 신뢰는 소리 없이 쌓이고 소리 없이 작동한다. 어느 순간부
터는 말하지 않아도 통하고 설명하지 않아도 받아들여진다.
그때 사람은 자신의 언어가 아니라 태도로 기억된다. 설명하
지 않아도 전해지는 신뢰는 그렇게 사람을 남긴다. 말이 사
라진 뒤에도 관계를 지탱하는 힘으로 오래 남는다.

남아 있는 태도는
거짓말을 하지 않는다

시간이 지나고 나서도
설명이 필요 없는 태도만이 남는다.

대통령실에서 말은 쉽게 사라지지 않는다. 한 번 언급된 사안은 곧바로 기록되고 실행 여부는 즉시 점검된다. 일이 진행되지 않거나 누락되면 곧장 흔적이 남는다. 공직기강이라는 이름으로 책임은 정확히 돌아온다. 이곳에서 말은 의견이 아니라 지시이고, 지시는 곧 결과로 이어진다. 그래서 대통령실에서는 말이 흐려질 틈이 없다. 말은 곧 현실이 된다.

그럼에도 시간이 지나 남는 것은 말의 정확함이 아니다. 모든 지시가 이행되고 모든 절차가 끝난 뒤에야 드러나는 것이 있다. 누가 끝까지 자리를 정리했는지, 누가 책임의 방향을 먼저 짚었는지, 불편한 순간에도 시선을 피하지 않았는지 같은 태도다. 결과는 문서로 남지만 사람에 대한 평가는 태도로 남는다. 이 차이는 시간이 지나야 비로소 또렷해진다.

태도는 순간을 장식하지 않는다. 박수를 받기에도 늦고 성과로 기록되기에도 애매하다. 그러나 태도는 시간을 건너간다. 설명은 상황과 함께 사라지지만 태도는 기억 속에 남아 다시 떠오른다. 그래서 사람들은 시간이 지나고 나서야 누군가를 다시 평가한다. 그때 기준이 되는 것은 말이 아니라 남아 있는 태도다.

나는 떠나는 순간의 태도가 얼마나 오래 남는지를 직접 본 적이 있다. 대통령실에서 함께 일하던 한 행정관이었다. 그는 자리를 지키고 싶어 했고 나름의 이유도 있었다. 그러나 결정은 단순했고, 그는 더 이상 그 자리에 남지 못했다. 문제는 그가 떠나는 날이었다. 그는 마지막 날 동료 누구에게도 인사를 하지 않았다. 함께 일했던 사람들, 그를 도왔던 얼굴들, 정리하고 떠나야 할 자리 앞에서 그는 아무 말 없이 등을 돌렸다.

시간이 지나 사람들은 그를 이렇게 기억했다. 무엇을 했는지가 아니라 어떻게 떠났는지를 먼저 떠올렸다. 억울했는지 충분히 설명받지 못했는지는 더 이상 중요하지 않았다. 남아 있는 태도가 이미 그날의 모든 말을 대신하고 있었기 때문이다. 그 순간의 태도 하나가 이전의 많은 성과를 덮어 버렸다.

사람들은 태도를 보는 눈이 생각보다 정확하다. 처음에는 말에 끌리고 표현에 설득되지만, 시간이 지나면 판단을 수정한다. 그 사람이 불리한 순간에 어떤 자세를 취했는지, 책임이 필요한 자리에 남았는지, 설명이 필요해질수록 말을 줄였는지를 기억한다. 그렇게 축적된 기억이 그 사람에 대한 신뢰를 결정한다.

태도는 공식적인 자리에서만 드러나지 않는다. 오히려 일이 끝난 뒤, 역할이 사라진 뒤, 더 이상 이익이 남지 않았을 때 더 분명해진다. 이때의 태도는 꾸밀 수 없다. 이미 결과가 끝났기 때문이다. 남아 있는 태도는 변명을 허용하지 않는다. 설명을 덧붙일 수도 없고 맥락을 다시 세울 수도 없다. 그 자리에 남은 태도 하나가 그동안의 선택을 요약한다.

그래서 태도는 습관에 가깝다. 특별한 결심으로 만들어지지 않고 반복된 선택으로 굳어진다. 매번 같은 방향을 택하는 사람은 시간이 지나면 예측 가능한 사람이 된다. 그 예측 가능성은 지루함이 아니라 신뢰로 이어진다. 사람들은 그가 어떤 선택을 할지 미리 알고 있고, 그 예상은 크게 빗나가지 않는다.

반대로 태도가 남지 않는 사람도 있다. 그들은 늘 설명을 남긴다. 선택의 이유를 길게 말하고 상황의 복잡함을 강조한다. 그러나 시간이 지나면 그 설명은 기억되지 않는다. 대신 설명 뒤에 가려졌던 태도의 공백이 떠오른다. 사람들은 그 공백을 느끼고 더 이상 기대를 걸지 않는다.

남아 있는 태도는 결국 관계를 정리한다. 함께 가도 되는 사람과 거리를 두어야 할 사람을 가려낸다. 이 과정은 조용하다. 충돌도 선언도 없다. 다만 중요한 순간에 떠오르는 얼굴이 달라질 뿐이다. 설명이 아니라 태도가 기준이 된다.

나는 이제 결과보다 태도를 먼저 점검한다. 일이 잘 풀릴 때보다 정리해야 할 순간에 더 조심한다. 설명이 필요해질수록 태도가 충분했는지를 돌아본다. 시간이 지나 남아 있는 태도가 결국 나를 대신해 말하게 될 것을 알기 때문이다.

태도는 거짓말을 하지 않는다. 시간이 지나면 설명은 모두 사라지고 남아 있는 태도만이 질문에 답한다. 그 답은 화려하지 않지만 분명하다. 그래서 나는 태도를 남기려 한다. 말보다 오래 남고 결과보다 늦게 평가받지만, 끝내 나를 설명해 줄 수 있는 유일한 것이기 때문이다.

물러날 줄 아는 사람

남아 있으려 애쓰지 않을 때,
오히려 더 오래 기억된다.

　사람들은 대개 남으려 한다. 자리를 지키고 역할을 증명하며 자신이 아직 필요하다는 신호를 보내려 한다. 이미 끝났다는 판단보다 아직 할 수 있다는 감각을 더 쉽게 붙든다. 그래서 물러나는 일은 종종 실패처럼 여겨진다. 떠나는 순간이 곧 의미의 끝이라고 오해되기 때문이다.

　그러나 시간이 지나 돌아보면 오래 기억되는 사람은 끝까지 남아 있던 사람이 아니다. 언제 물러나야 하는지를 알고 있었던 사람이다. 그들은 자리를 붙잡지 않는다. 자신의 역할이 끝났다는 사실을 받아들이고 더 이상 자신의 몫이 아닌 자리를 비워 준다. 이 선택은 조용하고 눈에 띄지 않지만, 이후의 기억을 분명히 바꾼다.

물러난다는 것은 포기와 다르다. 책임을 내려놓는 일도 아니다. 오히려 자신이 맡았던 역할을 끝까지 정리한 뒤 다음 사람에게 공간을 남기는 일에 가깝다. 이 판단은 생각보다 어렵다. 주변에서 붙잡을 때, 아직 손에 익은 일이 남아 있을 때, 스스로 미련을 놓지 못할 때는 더욱 그렇다.

정무의 세계에는 정해진 끝이 없다. 특히 대통령실처럼 정년이 없고 인사 변화가 잦은 자리에서는 남고 싶다고 해서 남을 수 있는 것도 아니고, 떠난다고 해서 미리 준비할 수 있는 것도 아니다. 그래서 같은 상황에서도 전혀 다른 선택들이 나온다. 어떤 사람은 자리를 떠난 뒤에도 그 상황을 설명하려는 말이 많아진다. 떠나는 순간보다 그 이후의 말이 더 길어진다. 반면 어떤 사람은 같은 순간을 조용히 통과한다. 자신의 역할이 끝났다는 사실을 받아들이고 더 이상의 영향력을 행사하지 않는다. 말은 줄어들고 태도만 남는다. 시간이 지난 뒤 사람들은 무엇을 주장했는지가 아니라 어떻게 자리를 정리했는지를 먼저 떠올린다.

많은 갈등은 물러나지 못한 자리에서 생긴다. 이미 역할이 끝났음에도 계속 관여하려 하고, 결정권이 넘어갔음에도 의견을 남기려 한다. 그 순간 말은 늘어나고 설명은 길어진다.

자신의 선택이 오해받지 않기를 바라기 때문이다. 그러나 그 설명은 대개 설득으로 이어지지 않는다. 사람들은 그 자리에 왜 아직 머무르고 있는지를 먼저 묻기 시작한다.

물러날 줄 아는 사람은 자신의 영향력이 언제까지 유효한지를 안다. 더 이상 책임지지 않을 선택에는 관여하지 않고, 자신이 감당할 수 없는 결과에는 말을 보태지 않는다. 이 절제는 겸손처럼 보이지만 실제로는 기준에 가깝다. 자신의 말이 영향을 미칠 수 있는 범위를 정확히 인식하는 태도다.

이런 태도는 신뢰를 남긴다. 물러난 뒤에도 그 사람의 말이 떠오르는 이유는 떠나기 전에 충분히 책임졌기 때문이다. 자리를 차지하지 않아도 존재감이 사라지지 않는 사람은 드물다. 그러나 그런 사람은 분명히 있다. 그들은 떠난 뒤에도 기준으로 남는다.

물러날 줄 모르는 사람은 흔히 자신을 보호하려 한다. 역할이 사라지면 의미도 함께 사라질까 두렵기 때문이다. 그래서 끝을 미루고 자리를 연장하며 여전히 필요한 사람처럼 행동한다. 그러나 그 태도는 오히려 반대의 결과를 낳는다. 오래 남고 싶다는 마음이, 기억에서 더 빨리 멀어지게 만든다.

나 역시 비서관직을 내려놓을 때 비슷한 마음을 겪었다. 자리를 떠나는 순간이 곧 의미의 끝처럼 느껴졌고, 아직 할 수 있는 일이 남아 있다는 생각이 쉽게 사라지지 않았다. 그래서 끝을 조금 미루고 싶었고, 설명을 덧붙이며 마음을 정리하려 했다. 그러나 시간이 지나 돌아보니 그때 더 남으려 애쓰지 않았던 선택이 오히려 내 품위를 지켜 주고 있었다. 자리를 떠났기에 관계가 남았고, 말을 줄였기에 태도가 기억되었다. 그 경험은 물러나는 일이 곧 사라지는 것이 아니라는 사실을 분명히 알려주었다.

관계에서도 마찬가지다. 모든 관계를 끝까지 붙잡을 수는 없다. 역할이 바뀌고 거리가 생기며 더 이상 같은 방향으로 걷지 않게 되는 순간도 있다. 이때 물러나지 못하면 관계는 상처로 끝난다. 반대로 물러날 줄 아는 사람은 관계를 정리하되 훼손하지 않는다. 그래서 시간이 지난 뒤에도 다시 떠올릴 수 있는 얼굴로 남는다.

물러날 줄 아는 사람은 자신의 시간을 믿는다. 지금 당장의 평가에 매달리지 않고, 이후의 기억을 신뢰한다. 그래서 조급하지 않고 끝을 두려워하지 않는다. 자신의 역할이 끝났다는 사실을 받아들이는 용기는 그동안의 선택이 헛되지 않았다는 확신에서 나온다.

사람은 결국 언젠가 모든 자리에서 물러나야 한다. 그때 남는 것은 얼마나 오래 있었느냐가 아니라 어떻게 떠났느냐다.

물러날 줄 아는 사람은 그 순간을 준비한다. 말보다 태도를 남기고, 설명보다 정리를 택한다. 그래서 그는 떠난 뒤에도 조용히 남아 있다.

 물러날 줄 안다는 것은 사라지는 것이 아니다. 오히려 자신이 남길 수 있는 것을 정확히 아는 일이다. 나는 그 판단을 늦추지 않으려 한다. 끝을 붙잡기보다 끝을 정리하는 쪽을 선택하려 한다. 그래야 다음 자리에서도 설명 없이 다시 불릴 수 있다는 것을 알기 때문이다.

보이지 않을 때 지켜온 기준

말이 줄어들기 전의 시간이,
이미 신뢰를 완성해 두었다.

어느 순간부터 설명이 필요 없는 자리가 생긴다. 그 자리는 특별히 조용하지도, 극적으로 보이지도 않는다. 다만 말을 꺼내지 않아도 일이 굴러가고, 의도를 덧붙이지 않아도 선택이 받아들여진다. 처음부터 그런 자리는 아니었다. 오히려 많은 설명과 조심스러운 해명이 필요했던 시간들을 지나서야 도착하는 곳이다.

사람들은 흔히 오해한다. 설명하지 않아도 되는 관계나 자리는 운이 좋거나 오래 알고 지낸 결과라고 생각한다. 그러나 실제로는 다르다. 설명이 필요 없어졌다는 것은 이미 충분한 설명을 태도로 해 왔다는 뜻이다. 말로 설득하지 않아도 될 만큼 선택과 책임이 반복되어 왔다는 증거다.

설명이 많을 때 우리는 종종 안심한다. 상대가 이해했다고 믿고 오해의 여지가 줄어들었다고 느낀다. 그러나 설명은 언제든 다시 요구된다. 한 번의 설명으로 신뢰가 완성되는 일은 거의 없다. 반대로 설명이 줄어드는 순간은 이미 신뢰가 작동하고 있다는 신호다. 상대가 말보다 태도를 먼저 떠올리기 시작했기 때문이다.

설명이 필요 없는 자리에 이르기까지는 많은 순간을 통과해야 한다. 책임을 먼저 인정해야 했던 장면들, 결과가 좋지 않았음에도 자리를 떠나지 않았던 시간들, 공로를 말하지 않고 역할을 정리했던 선택들이 쌓인다. 이 과정은 눈에 띄지 않고 기록으로도 남지 않는다. 그러나 사람들의 기억 속에서는 분명히 축적된다.

설명이 필요 없는 사람은 자신의 의도를 적극적으로 증명하지 않는다. 오해를 바로잡기 위해 말을 늘리기보다 오해를 만들지 않는 태도를 유지하려 한다. 그래서 그들은 억울함을 빠르게 해소하지 못할 때도 있다. 그러나 그 억울함은 오래 남지 않는다. 시간이 지나면 태도가 대신 설명해 주기 때문이다.

반대로 설명이 늘어나는 순간도 있다. 같은 선택을 반복해서 해명해야 하고 의도를 자주 확인받아야 할 때다. 이때 많은 사람들은 말을 더 정교하게 만들려 한다. 표현을 다듬고 논리를 보완한다. 하지만 문제는 대개 말이 아니다. 설명이 필요해졌다는 사실 자체가 신뢰가 흔들리고 있다는 신호일 수 있다.

설명이 필요 없는 자리는 말이 사라진 자리가 아니다. 오히려 말이 절제된 자리다. 필요한 말만 남고 불필요한 변명과 과장이 빠진 상태다. 그 자리에서는 침묵도 기능을 가진다. 침묵이 방치로 해석되지 않고 기다림이 무관심으로 오해되지 않는다. 서로가 쌓아 온 태도가 그 침묵을 지탱하기 때문이다.

이런 자리에 있는 사람들은 말을 아낀다. 말이 적어서가 아니라 말이 이미 충분히 사용되었음을 알기 때문이다. 자신이 던지는 한 문장이 관계 전체를 대표할 수 있다는 사실을 알고 있다. 그래서 불필요한 설명으로 그 무게를 흐리지 않는다.

설명하지 않아도 되는 자리는 편안하지만 동시에 엄격하다. 한 번 그 자리에 올라서면 이전보다 더 조심해야 한다. 작은 태도의 흔들림이 곧바로 눈에 띄기 때문이다. 설명이 없는 대신 선택 하나하나가 더 선명해진다. 그래서 이 자리는 오래 머물기보다 지켜내야 할 자리다.

나는 예전보다 설명을 줄이려 한다. 말을 하지 않겠다는 뜻이 아니라 말이 태도를 대신하지 않게 하려는 선택이다. 설명이 필요 없는 사람이 되기보다 설명이 필요 없어지는 태도를 쌓고 싶기 때문이다. 이 차이는 미묘하지만 결과는 전혀 다르다.

설명하지 않아도 되는 자리에 도달했다는 것은 이미 누군가에게 신뢰의 기준이 되었다는 뜻일지도 모른다. 그 기준은 말로 만들어지지 않는다. 오랜 시간 반복된 선택과 책임이 조용히 만든다. 그래서 그 자리는 쉽게 주어지지 않고 한 번 흔들리면 회복도 느리다.

결국 설명이 줄어든다는 것은 관계가 성숙해졌다는 신호다. 이해를 강요하지 않아도 되고 의도를 증명하지 않아도 된다. 서로가 무엇을 기대하는지 알고 있고 그 기대를 크게 벗어나지 않으리라는 믿음이 있기 때문이다. 이 믿음은 하루아침에 생기지 않는다.

나는 그 자리를 목표로 삼지 않으려 한다. 목표로 삼는 순간 다시 말이 앞서기 때문이다. 대신 오늘의 선택이 설명을 늘리는 방향인지 줄이는 방향인지를 묻는다. 말이 많아지는 쪽이라면 태도를 점검하고, 말이 줄어드는 쪽이라면 그 방향을 유지하려 한다.

설명하지 않아도 되는 자리는 도착지가 아니라 결과다. 말보다 태도가 앞섰을 때, 변명보다 책임이 먼저였을 때, 보이지 않을 때조차 기준이 흐트러지지 않았을 때 비로소 만들어진다. 그리고 그 자리에 도달한 사람은 굳이 그것을 말하지 않는다. 이미 말이 필요 없기 때문이다.

시간이 흘러도 변하지 않는 얼굴

끝까지 붙잡지 않아도
남는 관계가 있다.

모든 관계가 가까워지기만 하는 것은 아니다. 어떤 관계는 시간이 흐를수록 자연스럽게 멀어진다. 대화의 간격이 길어지고 함께하던 장면이 줄어든다. 처음에는 그 변화를 낯설게 받아들인다. 무언가 잘못된 것은 아닌지 이유를 찾고 관계를 되돌리려 애쓴다. 그러나 시간이 지나고 나면 알게 된다. 모든 멀어짐이 실패는 아니라는 사실을. 어떤 관계는 멀어지는 방식으로 자신을 유지한다.

사람들은 흔히 관계를 붙잡는 일을 성실함으로 착각한다. 연락을 이어 가는 것, 오해를 바로잡는 것, 끝까지 설명하는 것을 책임이라고 부른다. 하지만 관계에도 적정한 거리가 있다. 그 거리를 넘어서면 애씀은 부담이 되고 관심은 간섭이 된다. 관계가 무거워지는 순간은 대개 여기서 시작된다.

멀어질 줄 아는 사람은 관계의 변화를 억지로 되돌리려 하지 않는다. 이전과 같지 않다는 사실을 인정하고 그 변화를 받아들인다. 더 자주 만나자고 조르지 않고 마음을 증명하려 애쓰지 않는다. 대신 지금의 거리에서 지켜야 할 선을 다시 그린다. 이 태도는 차가워 보일 수 있다. 그러나 시간이 흘러도 얼굴이 남는 관계는 대개 이런 절제 위에서 유지된다.

모든 관계에는 역할이 있다. 함께 성장하던 시기, 문제를 나누던 시간, 같은 방향을 바라보던 순간들. 그러나 그 역할은 영원하지 않다. 역할이 바뀌었음에도 같은 방식으로 관계를 유지하려 하면 어긋남이 생긴다. 말이 늘어나고 서운함이 쌓이며 이전의 기억마저 흐려진다. 관계가 상처로 남는 순간은 대부분 여기서 만들어진다.

요즘 한 방송에서 서장훈은 반복되는 관계의 선택을 두고 '지팔지꼰'이라는 말을 남겼다. 표현은 다소 거칠었지만 그 구조는 낯설지 않았다. 이미 여러 번 같은 이유로 흔들렸고 다른 선택을 할 수 있는 순간도 있었지만 끝내 붙잡는 쪽을 택한 경우들이다. 관계를 지키려는 노력처럼 보이지만 실제로는 스스로를 같은 자리로 되돌려 놓는 선택이다. 멀어질 수 있었던 순간마다 남기를 택한 결과는 결국 더 큰 소모로 이어진다.

붙잡지 않았기에 남는 관계도 있다. 끝까지 매달리지 않았기에 감정이 닳지 않은 경우다. 모든 관계를 현재형으로 유지할 수는 없다. 어떤 관계는 과거형으로 남을 때 가장 온전하다. 그 사실을 받아들이는 용기는 관계를 가볍게 여기는 태도와 다르다. 오히려 관계를 존중하기에 가능한 선택이다.

멀어지는 순간에 사람의 태도는 분명해진다. 서운함을 즉시 꺼내는지, 조용히 거리를 조정하는지. 이전의 공로를 들추는지, 말없이 상황을 받아들이는지. 이 선택은 관계의 마지막 인상을 만든다. 그 인상은 시간이 지나도 쉽게 사라지지 않는다. 사람들은 관계가 끝난 이유보다 끝나는 방식의 얼굴을 더 오래 기억한다.

나는 예전보다 관계의 속도를 조절하려 한다. 가까워질 때보다 멀어질 때 더 조심한다. 말을 줄이고 설명을 아낀다. 모든 마음을 정리해 전달하려 하지 않는다. 그렇게 하지 않아도 되는 관계가 있고 그렇게 하지 않는 편이 더 나은 관계도 있다는 사실을 알게 되었기 때문이다.

멀어질 줄 아는 사람은 관계를 소유하지 않는다. 상대의 시간을 붙잡지 않고 자신의 감정을 증명하려 하지 않는다. 그래서 그 곁을 떠나는 사람도 적대감을 남기지 않는다. 관계는 그렇게 조용히 형태를 바꾼다. 완전히 사라지지 않고 다른 위치로 이동한다.

관계가 멀어졌다고 해서 의미까지 사라지는 것은 아니다. 오히려 거리가 생긴 뒤에야 그 관계의 본질이 또렷해지는 경우도 있다. 가까울 때는 보이지 않던 존중과 배려가 멀어졌을 때 더 분명해진다. 끝까지 붙잡지 않았기에 그 관계는 훼손되지 않는다.

사람 사이에는 반드시 거리가 필요하다. 그 거리를 무시한 친밀함은 오래가지 못한다. 멀어질 줄 아는 태도는 관계를 포기하는 기술이 아니라 관계를 남기는 방식이다. 나는 그 방식을 배우고 있다.

모든 관계를 이어야 할 필요는 없다. 그러나 모든 관계를 함부로 끊을 필요도 없다. 멀어질 줄 아는 사람은 그 사이 어딘가에 머문다. 집착하지 않되 무례하지 않고 기대하지 않되 냉담하지 않다. 그 균형 위에서 관계는 다른 형태로 살아남는다.

결국 관계도 물러날 줄 알아야 한다. 가까워질 때보다 멀어질 때 더 많은 품격이 필요하다. 그 순간을 조심스럽게 통과한 관계는 시간이 흘러도 다시 떠올릴 수 있는 얼굴로 남는다. 나는 그런 얼굴을 오래 기억하고 싶다.

결국 사람은
태도로 기억된다

말이 사라진 자리에서,
태도는 끝까지 남는다.

사람을 기억하는 방식은 생각보다 단순하다. 무엇을 말했는지보다 어떤 태도로 있었는지가 먼저 떠오른다. 회의에서 어떤 주장을 했는지보다, 그 주장이 받아들여지지 않았을 때의 얼굴이 남는다. 성과를 냈는지보다 성과를 나눌 때의 자세가 오래 기억된다. 말은 상황에 따라 바뀌지만 태도는 그 사람의 방향을 드러낸다.

처음에는 말이 앞선다. 관계의 초입에서는 설명이 필요하고 의도를 밝혀야 하며 기준을 공유해야 한다. 누구나 이 시기에는 신중하다. 말은 정제되어 있고 태도는 단정하다. 그러나 시간이 흐를수록 말의 역할은 줄어든다. 대신 태도가 축적된다. 반복된 선택과 책임의 방식이 그 사람을 설명하기 시작한다.

사람들이 누군가를 신뢰하게 되는 순간은 대개 조용하다. 특별한 선언이나 극적인 장면이 아니다. 다만 비슷한 상황에서 늘 비슷한 선택을 했다는 기억이 쌓일 뿐이다. 불리한 순간에 책임을 피하지 않았고, 유리한 순간에 말을 줄였으며, 떠날 때도 태도가 흐트러지지 않았다는 사실. 이런 기억은 말보다 오래 남는다.

반대로 말이 많았던 사람은 시간이 지나면 흐릿해진다. 당시에는 설득력 있어 보였고 설명도 충분했지만, 시간이 지나면 문장들은 잘 떠오르지 않는다. 대신 설명이 필요했던 장면만 남는다. 왜 그렇게까지 말해야 했는지, 왜 그 순간 태도가 가벼워 보였는지가 기억된다. 사람들은 논리를 오래 기억하지 않는다. 그 논리가 필요했던 이유를 기억할 뿐이다.

태도는 말보다 느리게 드러나지만, 한 번 각인되면 쉽게 바뀌지 않는다. 그래서 태도는 위험하다. 꾸미기 어렵고 관리하기 힘들며, 작은 흔들림도 그대로 남는다. 그러나 동시에 태도는 가장 정직하다. 설명하지 않아도 드러나고, 변명 없이 읽힌다. 사람들은 태도를 통해 상대의 기준을 판단한다. 무엇을 중요하게 여기는지, 어디까지 책임지는지, 언제 물러나는지를 태도에서 본다.

관계가 깊어질수록 평가의 기준은 더 단순해진다. 말이 줄어들고 행동의 일관성이 더 중요해진다. 그때 사람들은 이렇게 말한다. "그 사람은 그럴 줄 알았다." 이 문장은 칭찬이기도 하고 경고이기도 하다. 태도가 이미 그 사람을 설명하고 있다는 뜻이기 때문이다.

태도로 기억되는 사람은 조급하지 않다. 지금 당장의 평가에 매달리지 않고 즉각적인 이해를 요구하지 않는다. 오늘의 말이 아니라 오늘의 선택이 내일의 기억이 된다는 사실을 알고 있다. 그래서 그는 말을 고치기보다 태도를 점검한다. 설명이 길어질 때마다 스스로에게 묻는다. 지금의 행동이 이 말을 감당하고 있는지.

태도는 위기에서 가장 선명해진다. 일이 잘 풀릴 때는 누구나 비슷해 보인다. 그러나 결과가 어긋났을 때, 자리를 내려놓아야 할 때, 기대가 사라졌을 때 태도의 차이가 드러난다. 이 순간에 남은 태도 하나가 그 이전의 모든 시간을 대표하게 된다. 그래서 마지막 태도는 언제나 중요하다. 마지막 인상이 아니라 마지막 기준이 남기 때문이다.

사람은 결국 결과로 기억되지 않는다. 결과는 시간이 지나면 다른 결과로 덮인다. 대신 태도는 기억 속에서 반복된다.

그 사람이 어떤 선택을 했는지, 어떤 방식으로 책임졌는지, 어떤 얼굴로 떠났는지가 남는다. 그래서 사람들은 다시 함께할지를 결정할 때 과거의 성과보다 과거의 태도를 떠올린다.

나는 점점 말을 줄이는 쪽을 선택하게 된다. 더 잘 설명하기보다 설명이 필요 없는 태도를 쌓고 싶어진다. 이해받기보다 믿어지는 상태에 가까워지고 싶다. 말로 남기기보다 태도로 기억되는 사람이 되고 싶다. 이것이 쉽지 않다는 것을 알기에, 그래서 더 중요하다는 것도 안다.

결국 사람은 태도로 기억된다. 말이 사라진 뒤에도 남아 있는 태도, 떠난 뒤에도 다시 떠오르는 얼굴, 시간이 흘러도 변하지 않는 기준. 그것이 한 사람을 설명한다. 그래서 나는 오늘도 말보다 태도를 먼저 돌아본다. 무엇을 말했는지가 아니라, 어떤 태도로 있었는지를. 그 태도가 언젠가 나를 대신해 기억될 것이기 때문이다.

떠난 뒤에야 보이는 것들

자리가 비워진 다음에야,
태도의 윤곽이 드러난다.

  사람은 떠난 뒤에 평가된다. 함께 있을 때보다 자리가 비워
진 이후에 그 사람의 윤곽이 또렷해진다. 곁에 있을 때는 보
이지 않던 태도들이 부재 속에서 정리되어 떠오른다. 그가
남긴 말보다, 그가 남기지 않은 것들이 먼저 기억된다. 떠난
뒤에야 보이는 것들이 있다.
  함께 있을 때 우리는 많은 것을 착각한다. 관계가 유지되는
이유를 친밀함이나 의무로 설명하고, 불편함을 일시적인 감
정으로 넘긴다. 그러나 사람이 떠나고 나면 남아 있는 공기
가 달라진다. 자리가 허전해지는 경우도 있고, 묘하게 편안해
지는 경우도 있다. 그 차이는 관계의 깊이가 아니라 태도의

밀도에서 비롯된다.

어떤 사람은 떠난 뒤에도 자연스럽게 언급된다. 이름을 꺼내지 않아도 기준처럼 작동한다. "그 사람이라면 이렇게 했을 것"이라는 말이 남는다. 반대로 어떤 사람은 떠난 순간부터 이야기에서 사라진다. 특별히 미워할 이유도, 그리워할 이유도 없다. 그저 더 이상 떠올릴 필요가 없는 사람이 된다. 이 차이는 성과나 능력에서 오지 않는다. 함께 있던 시간 동안 어떤 태도로 있었는지에서 갈린다.

떠날 때의 태도는 특히 오래 남는다. 마지막 장면은 전체를 덮는다. 자리를 정리하는 방식, 관계를 마무리하는 얼굴, 말을 남길지 말지를 선택하는 순간. 이때의 태도는 그 이전의 모든 설명을 압축한다. 그래서 떠나는 순간은 늘 조심스럽다. 떠난 뒤에 보이는 것들은 대부분, 떠나기 직전에 완성되기 때문이다.

사람들은 종종 떠난 뒤에 자신을 설명하려 한다. 오해가 남을까 걱정하고, 평가가 굳어질까 불안해한다. 그래서 말을 덧붙이고 이유를 남긴다. 그러나 떠난 뒤에 남는 것은 말이 아니다. 함께 있던 시간 동안 반복되었던 태도다. 마지막 문장이 아니라, 마지막까지 유지된 기준이 기억된다.

관계도 마찬가지다. 멀어진 뒤에야 그 관계의 성격이 드러난다. 붙잡지 않았기에 남는 존중이 있고, 끝까지 매달렸기에 훼손되는 기억도 있다. 떠난 뒤에도 편하게 안부를 물을 수 있는 관계가 있는가 하면, 생각조차 꺼내기 어려운 관계도 있다. 이 차이는 얼마나 가까웠느냐가 아니라, 멀어지는 순간을 어떻게 통과했느냐에서 생긴다.

떠난 뒤에 보이는 것은 상대만이 아니다. 자기 자신도 보인다. 그동안 무엇에 집착했고, 어디서 설명이 길어졌는지, 어떤 순간에 기준을 흐렸는지가 또렷해진다. 함께 있을 때는 감정과 역할에 가려 보이지 않던 것들이, 거리가 생기면 정리된다. 떠난 뒤의 시간은 변명의 여지가 줄어드는 시간이다.

그래서 떠난 뒤에야 비로소 알게 되는 것들이 있다. 내가 지키려 했던 것이 무엇이었는지, 끝내 지키지 못한 것은 무엇이었는지. 그리고 다음에 다시 같은 자리에 서게 된다면 무엇을 다르게 선택할 것인지. 이 질문들은 떠난 뒤에야 현실적인 무게를 갖는다.

나는 떠남을 결과로 보지 않으려 한다. 떠남은 평가의 시작에 가깝다. 그 사람이 어떤 태도로 살아왔는지가 조용히 정리되는 시간이다. 떠난 뒤에도 신뢰가 남는 사람은 이미 함께 있을 때 충분히 설명을 끝낸 사람이다. 반대로 떠난 뒤에 말이 남는 사람은, 함께 있을 때 태도가 충분하지 않았던 경우가 많다.

떠난 뒤에야 보이는 것들은 되돌릴 수 없다. 그래서 떠나기 전의 태도가 중요하다. 마지막까지 책임을 남겼는지, 말보다 행동을 앞세웠는지, 관계를 소유하지 않고 존중했는지. 이 선택들은 떠난 뒤에 고쳐지지 않는다. 오직 남아 있을 뿐이다.

책의 끝에서 다시 이 질문으로 돌아온다.

만약 내가 지금 이 자리를 떠난다면, 무엇이 남을까.

설명이 남을까, 태도가 남을까.

문장이 남을까, 얼굴이 남을까.

이 질문에 부끄럽지 않게 답할 수 있다면, 이미 충분히 단단한 태도를 살아내고 있는 것이다. 떠난 뒤에야 보이는 것들이 있다. 그리고 그 대부분은 떠나기 훨씬 이전부터 만들어져 왔다. 말보다 오래 남는 태도, 결과보다 깊게 남는 기준. 그것이 결국 한 사람을 설명한다.

이 책의 끝에서 나는 다시 처음의 문장으로 돌아간다.

사람의 품격은 가장 느리게 드러나는 자기소개다. 그리고 그 자기소개는, 떠난 뒤에야 비로소 완성된다.

7부

자리 이후의 윤리

"자리가 사라진 뒤에도 지켜지는 태도만이
그 사람이 끝까지 책임졌다는 증거다."

– 권한이 떠난 자리에서 드러나는 태도는 그 사람의 윤리를 말없이 증명한다.

자리를 비운 사람의 품격

떠났다는 사실보다,
무엇을 남기지 않았는지가 품격을 말한다.

    자리를 비운 사람의 품격은 떠나는 순간보다 떠난 뒤에 더 또렷해진다. 함께 있을 때는 보이지 않던 태도의 윤곽이 자리가 비워진 이후에야 정리되어 드러난다. 떠나는 순간에는 누구에게나 사정이 있고 이유가 있다. 설명하고 싶은 마음도 생기고 억울함 하나쯤은 품게 된다. 그러나 시간이 지나면 남는 것은 사정도 이유도 아니다. 자리를 비우는 과정에서 무엇을 남겼는지, 그리고 무엇을 끝내 남기지 않았는지가 그 사람을 설명한다.

    어떤 사람은 자리를 떠나며 많은 흔적을 남긴다. 말이 길어지고 감정이 앞서며 자신이 어떤 대우를 받았는지를 알리려

한다. 그 말들은 잠시 사람들의 귀를 붙잡지만 오래 머물지는 않는다. 대신 그 말들이 왜 필요했는지가 기억된다. 왜 그는 떠나는 순간까지 설명해야 했는지, 왜 그 자리를 조용히 비우지 못했는지가 뒤늦게 질문으로 돌아온다. 떠난 뒤에 남는 것은 말의 내용이 아니라 말의 필요성이다.

반대로 어떤 사람은 자리를 비우며 거의 아무것도 남기지 않는다. 해명도 없고 소란도 없다. 충분히 말할 수 있었지만 굳이 그러지 않는다. 그 선택은 당장 손해처럼 보인다. 오해를 감수해야 하고 평가를 통제할 수도 없다. 그러나 시간이 지나면 그 침묵은 태도로 읽힌다. 말이 없었기에 오히려 기준이 분명해진다. 무엇을 주장했는지가 아니라 무엇을 지켰는지가 드러난다.

자리를 비운다는 것은 단순한 이동이 아니다. 관계에서 물러나는 일이고 역할을 내려놓는 선택이다. 이 순간에 품격은 무엇을 더 주장하느냐가 아니라 무엇을 내려놓느냐에서 갈린다. 권한을 쥐고 있을 때보다 내려놓는 순간에 그 사람의 기준은 더 선명해진다. 마지막까지 붙잡지 않아도 되는 것과 끝내 내려놓아야 할 것을 구분하는 태도가 드러난다.

많은 사람은 떠나기 직전에 흔들린다. 자신이 해온 일을 증명하고 싶고 남겨질 평가를 붙잡고 싶어진다. 그래서 말이 늘어난다. 참아왔던 감정이 쏟아지고 억울함이 정의처럼 포장된다. 그러나 이 순간에 선택된 태도는 오래 남는다. 떠난 뒤에도 그 장면 하나가 전체를 대표하게 되기 때문이다. 마지막 인상은 종종 마지막 태도로 굳어진다.

자리를 비운 사람의 품격은 결과로 판단되지 않는다. 떠난 이후 상황이 어떻게 흘러갔는지 누가 그 자리를 채웠는지는 중요하지 않다. 중요한 것은 떠나는 순간까지 어떤 기준을 유지했는지다. 책임을 자기 몫으로 두었는지 관계를 훼손하지 않으려 했는지 남은 사람들을 곤란하게 만들지 않았는지가 그 사람을 말해준다. 떠난 뒤의 평가는 이미 그 순간에 결정되어 있다.

특히 보이지 않는 자리에서의 태도는 더 분명하다. 공식적인 장면이 끝난 뒤 더 이상 주목받지 않는 순간에 어떤 말을 남겼는지 혹은 아무 말도 남기지 않았는지가 중요하다. 보이지 않을 때 지켜온 기준은 설명 없이도 전해진다. 그 기준은 떠난 뒤에도 관계의 바닥에 남아 이후의 만남과 평가에 영향을 준다.

자리를 비우는 방식은 그 사람이 관계를 어떻게 이해해 왔는지를 보여준다. 관계를 소유로 여긴 사람은 떠나는 순간까지 흔적을 남기려 한다. 반대로 관계를 신뢰로 여긴 사람은 비워도 남을 것과 비우면 안 될 것을 구분한다. 그래서 그의 부재는 단절이 아니라 여백이 된다. 그 여백은 관계를 완전히 지우지 않고 다시 만날 수 있는 가능성으로 남는다.

자리를 비운 뒤에도 신뢰가 남는 사람은 많지 않다. 말하지 않는 용기 억울함을 즉시 해소하지 않는 절제 평가를 시간에 맡기는 인내가 필요하기 때문이다. 이 선택들은 즉각적인 보상을 주지 않는다. 오히려 손해처럼 느껴진다. 그러나 시간이 지나면 그 차이는 분명해진다. 다시 떠올릴 수 있는 얼굴과 굳이 언급하지 않게 되는 얼굴로 갈린다.

떠난 뒤에도 다시 떠올릴 수 있는 얼굴이 있다. 말이 많았던 사람이 아니라 말이 필요 없었던 사람의 얼굴이다. 자리를 비운 뒤에도 기준으로 남는 사람은 이미 떠나기 전부터 태도로 설명을 끝낸 사람이다. 그는 떠난 뒤에도 관계를 어지럽히지 않고 자신의 자리를 깔끔하게 비워 둔다.

자리를 비운다는 것은 사라지는 일이 아니다. 오히려 남는 방식이다. 소란을 남기지 않고 상처를 남기지 않고 기준을 남기는 일이다. 자리를 비운 사람의 품격은 그렇게 완성된다. 떠난 뒤에야 만들어지는 것이 아니라 떠나는 순간 이미 결정되어 있던 태도로.

권한이 사라진 뒤의 태도

힘이 빠진 자리에서,
사람의 기준은 더 선명해진다.

권한은 언제나 영원한 것처럼 느껴진다. 직함이 붙어 있는 동안에는 그 무게가 자연스러운 배경이 되고 결정권과 영향력은 개인의 일부처럼 착각된다. 그러나 권한은 개인에게 속한 것이 아니라 잠시 맡겨진 상태에 가깝다. 그래서 그것이 사라질 때 사람은 생각보다 크게 흔들린다. 무엇을 말해도 받아들여지던 자리가 하루아침에 사라지고 한마디의 무게가 갑자기 가벼워지는 순간을 마주하게 된다. 이때부터 사람의 태도는 더 이상 제도에 가려지지 않는다. 권한이 있을 때는 잘 보이지 않던 기준이 힘이 빠진 자리에서 선명하게 드러난다.

권한이 사라졌을 때 가장 먼저 나타나는 감정은 당혹감이다. 아직 정리되지 않은 일들이 있고 끝내지 못한 말들이 남아 있다는 생각이 마음을 붙잡는다. 그래서 많은 사람은 떠난 자리의 언어를 계속 사용하려 한다. 이미 지나간 권위를 끌어와 현재의 말을 지탱하려 하고 이전의 역할을 근거로 자신의 발언에 무게를 더하려 한다. 그러나 권한이 사라진 뒤의 말은 더 이상 보호받지 않는다. 그 말이 책임질 수 있는 범위와 감당할 수 있는 결과는 급격히 줄어든다. 이 차이를 받아들이지 못할 때 말은 늘어나고 설명은 길어지며 억울함은 전면에 나온다.

나는 원치 않게 권한이 한순간에 사라지는 장면을 가깝게 목격했다. 대통령실을 떠나야 했던 많은 행정관과 비서관들은 하루아침에 직함과 영향력을 동시에 내려놓아야 했다. 같은 상황을 겪었지만 이후의 모습은 사람마다 달랐다. 어떤 이들은 끝난 자리의 언어를 쉽게 놓지 못했다. 이미 지나간 역할의 기준으로 현재를 해석하려 했고, 말 속에는 이전의 판단과 감각이 오래 남아 있었다. 설명은 자연스럽게 늘어났고, 그 설명은 자신을 정리하기 위한 과정처럼 보이기도 했다. 그러나 시간이 흐를수록 사람들은 말의 내용보다 그 말이 아직 필요했는지를 먼저 떠올리게 되었다.

반대로 어떤 이들은 비교적 빠르게 태도의 방향을 조정했다. 더 이상 자신의 몫이 아닌 결정에는 한 발 물러섰고 책임질 수 없는 말은 스스로 줄였다. 이전의 경험을 내세우기보다 현재의 위치를 먼저 인정하는 쪽을 택했다. 말은 많지 않았지만 필요할 때 건네는 한마디는 오히려 또렷하게 남았다. 사람들은 그것을 판단이 아니라 조언으로 받아들였다. 이 차이는 능력에서 비롯된 것이 아니었다. 권한이 있을 때 무엇을 했는지보다 권한이 사라진 뒤 어떻게 자신을 놓았는지가 이후의 기억을 갈랐다.

권한을 잃은 뒤에도 이전의 방식으로 말하는 사람은 쉽게 관계를 소모한다. 조언과 간섭의 경계를 넘나들며 경험이라는 이름으로 영향력을 유지하려 한다. 그러나 그 말은 더 이상 제도에 의해 보호되지 않는다. 그래서 의도와 다르게 받아들여지고 관계를 흔든다. 반면 권한이 사라진 뒤에도 태도를 지키는 사람은 자신의 위치를 정확히 인식한다. 지금 자신의 말이 어디까지 영향을 미칠 수 있는지를 알고 있다. 그래서 말보다 침묵을 선택하고 주장보다 정리를 택한다. 이 절제는 겸손처럼 보이지만 실제로는 기준에 가깝다. 자신의 말이 남길 수 있는 책임의 범위를 정확히 아는 태도다.

권한이 있을 때는 많은 사람이 존중받는다. 그러나 권한이 사라진 뒤에도 존중받는 사람은 많지 않다. 그 차이는 무엇을 더 남겼느냐가 아니라 무엇을 남기지 않았느냐에서 갈린다. 소란을 남기지 않았는지 불필요한 말을 남기지 않았는지 떠난 뒤의 자리를 흔들지 않았는지가 기준이 된다. 권한이 사라진 뒤에야 사람의 진짜 언어가 드러난다. 직함이 사라진 상태에서도 같은 온도로 말하는지 과거의 자리를 현재의 영향력으로 착각하지는 않는지 이 모든 것이 태도로 기록된다.

나 역시 비서관직을 내려놓은 뒤 같은 질문 앞에 서 있었다. 이제 무엇까지 말할 수 있는지 어디까지 관여하는 것이 적절한지 스스로에게 여러 번 물었다. 설명하고 싶은 마음과 침묵해야 할 기준 사이에서 흔들리기도 했다. 그러나 시간이 지나며 분명해진 것이 있다. 권한이 사라진 뒤에도 지켜야 할 것은 말이 아니라 태도라는 사실이다. 권한은 언제든 사라질 수 있다. 그러나 태도는 사라지지 않는다. 오히려 힘이 빠진 자리에서 더 또렷해진다.

권한이 사라진 뒤의 태도는 그 사람의 마지막 설명이다. 아무 말도 하지 않아도 충분히 전해지는 설명이다. 그 설명이 남아 있는 사람은 다시 불린다. 직함이 아니라 신뢰로. 영향력이 아니라 기준으로. 권한이 사라진 뒤에도 같은 온도로 남아 있는 사람은 이미 다른 자리에서도 같은 태도로 선택해 왔던 사람이다. 그래서 그는 다시 불린다. 시간이 지나도 신뢰가 줄어들지 않는 얼굴로.

이름 없이 남은 일들

불리지 않아도
계속 작동하는 것들이 있다.

세상에는 이름이 붙지 않은 일들이 있다. 기록으로 남지 않고 성과로 환산되지 않으며 누가 했는지 굳이 묻지 않는 일들이다. 보고서의 항목으로 정리되지 않고 보도자료의 문장으로 쓰이지 않는다. 그러나 그런 일들이 없었다면 많은 결정은 실행되지 못했을 것이고 많은 관계는 중간에서 무너졌을 것이다. 이름 없이 이루어진 일들은 늘 결과의 바닥에 깔려 있다. 드러나지 않기에 눈에 띄지 않지만 없으면 바로 흔들리는 자리다.

조직에서 실제로 많은 일을 떠받치는 것은 화려한 결정이 아니라 그 이전의 정리다. 문제를 키우지 않기 위해 먼저 위험을 걷어내는 일, 갈등이 커지기 전에 방향을 조정하는 일, 말하지 않아도 될 내용을 미리 정리해 침묵으로 넘기는 선택이 그렇다. 이런 일들은 성공했을 때 티가 나지 않는다. 아무 일도 없었던 것처럼 지나가야 비로소 제 역할을 다한 셈이 된다. 그래서 이름 없는 일은 성공해도 조용하다.

나는 한 조직에서 이런 장면을 여러 번 보았다. 회의가 길어지기 전에 쟁점을 정리하던 사람, 갈등이 커지기 전에 말을 줄이던 선택, 결과가 나오기 전 이미 다음 수순을 준비하던 태도. 그들은 앞에 서서 결론을 말하기보다, 뒤에서 결론이 흔들리지 않도록 바닥을 고쳤다. 모두가 말하고 싶어지는 순간에 먼저 정리했고, 모두가 흥분하는 순간에 먼저 낮췄다. 그래서 큰일이 되지 않았다. 이름 없는 일의 성공은 늘 이런 방식으로 지나간다.

이름 없는 일은 대개 책임만 남긴다. 성과는 공유되지만 부담은 개인에게 쌓인다. 잘 되었을 때는 언급되지 않고 문제가 생기면 먼저 떠올려진다. 그럼에도 이런 일을 맡는 사람들은 많다. 누군가는 해야 한다는 사실을 알기 때문이다. 그리고 그 누군가는 대부분, 자신의 이름이 남지 않으리라는 것도 알고 있다.

권한이 있을 때는 이름이 일을 대신한다. 직함이 설명이 되고 자리가 판단의 근거가 된다. 말의 무게는 개인의 태도보다 위치에서 나온다. 그러나 권한이 사라지는 순간 이름은 더 이상 일을 보호해 주지 않는다. 그때 남는 것은 무엇을 말했는지가 아니라 무엇을 해 왔는지다. 이름 없이 처리해 온 일들, 드러내지 않고 정리해 온 선택들, 공을 앞세우지 않았던 태도가 뒤늦게 윤곽을 드러낸다.

이름 없이 일해 온 사람은 결과를 소유하지 않는다. 일이 잘 풀려도 자신의 공으로 묶지 않고 문제가 생겨도 쉽게 책임을 떼어내지 않는다. 누군가는 그 일을 기억하지 못한다. 그러나 그 덕분에 유지된 관계와 무사히 넘어간 순간들은 분명히 존재한다. 그 사람이 떠난 뒤에도 조직이 크게 흔들리지 않는 이유는 대부분 거기에 있다. 그는 사라졌지만 그가 해 온 방식은 남아 있기 때문이다.

반대로 이름에 기대어 일해 온 사람은 자리를 떠난 뒤 공백을 남긴다. 그의 이름이 빠지자 함께 멈추는 일들이 생긴다. 방향이 흐려지고 기준이 사라진다. 그제야 사람들은 깨닫는다. 실제로 조직을 움직이던 것은 이름이 아니라 방식이었다는 사실을.

이름 없이 남은 일들은 시간이 지나서야 평가된다. 당장은 비교되지 않고 숫자로 남지 않으며 설명되지 않기에 과장도 없다. 그러나 시간이 흐르면 분명한 차이를 만든다. 같은 문제가 반복되지 않고 같은 실수가 줄어들며 관계가 쉽게 파괴되지 않는다. 이런 변화는 한 사람의 이름으로 환원되지 않는다. 대신 조직의 분위기와 관계의 결로 남는다.

이름 없이 일해 온 사람은 떠난 뒤에도 자주 언급되지 않는다. 대신 그가 있던 자리는 이상하게도 안정적이다. 누군가 그 일을 이어받아도 이전처럼 흘러간다. 이것이 이름 없는 일의 가장 큰 성과다. 특정 개인이 아니라 구조와 방식으로 남는 일이다. 그래서 그 일은 한 사람의 부재에도 계속 작동한다.

나는 시간이 갈수록 이름보다 일을 남기고 싶어진다. 불리지 않아도 필요한 일을 하고, 드러내지 않아도 기준을 지키는 쪽을 선택하고 싶다. 그 선택은 빠른 인정으로 돌아오지 않는다. 오히려 오해를 감수해야 하고 설명 없이 지나가야 하는 순간도 많다. 그러나 언젠가 누군가가 말하지 않아도 통하는 이유가 된다. 그 이유는 대개, 이름 없이 정리된 일들에서 비롯된다.

사람은 결국 무엇으로 기억될까. 어떤 자리에 있었는지 어떤 직함을 가졌는지보다 무엇을 남겼는지가 더 오래 간다. 이름 없이 남은 일들은 떠난 뒤에도 계속 작동한다. 말로 설명되지 않고 기록으로 남지 않지만 분명히 영향을 미친다. 그런 일들이 쌓여 한 사람의 깊이를 만든다.

이름 없이 남은 일들은 조용히 사람을 증명한다. 함께 있을 때는 잘 보이지 않다가, 떠난 뒤에야 비로소 드러나는 방식으로. 그리고 그 증명은 오래 남는다. 이름보다 오래.

평가받지 않아도
지켜온 선택

알아주는 사람이 없어도,
선택은 스스로를 남긴다.

사람은 대개 평가를 염두에 두고 선택한다. 누가 보고 있
는지 어떤 말이 따라올지 그 선택이 어떻게 정리될지를 먼저
계산한다. 평가가 예상되는 자리에서는 행동이 단정해지고
말은 신중해진다. 그러나 평가가 사라진 이후에는 상황이 달
라진다. 더 이상 점수가 매겨지지 않고 누군가의 판단이 닿
지 않는 순간에 사람의 선택은 가장 솔직해진다. 그때 드러
나는 것은 성과가 아니라 태도다.

평가받지 않는 선택은 눈에 띄지 않는다. 기록으로 남지 않
고 성과로 환산되지 않으며 이름도 붙지 않는다. 그래서 많
은 사람들은 그런 선택을 미룬다. 굳이 지켜야 할 이유가 없

어 보이기 때문이다. 그러나 시간이 지나면 그 선택들은 조용히 차이를 만든다. 문제가 커지지 않고 관계가 쉽게 무너지지 않으며 기준이 흐려지지 않는다. 아무 일도 없었던 것처럼 지나간 순간 뒤에는 대부분 평가받지 않아도 지켜온 선택이 있다.

조직에서 중요한 선택은 늘 주목받는 자리에서 이루어지지 않는다. 회의실에서 결정된 안건보다 그 이전에 이미 정리된 태도가 결과를 좌우하는 경우가 많다. 갈등을 키우지 않기 위해 말을 삼키는 판단, 책임이 불분명한 상황에서 먼저 자기 몫을 감당하는 선택, 결과가 불리해 보여도 기준을 바꾸지 않는 태도다. 이런 선택들은 박수를 받지 않는다. 오히려 왜 그렇게까지 하느냐는 질문을 받기도 한다. 그러나 이런 선택이 반복될수록 조직은 덜 흔들린다. 겉으로 드러나지 않지만 바닥은 단단해진다.

나는 복지관 평가 현장에서 그 사실을 분명히 느낀 적이 있다. 평가 준비 과정에서 누군가 조용히 슬리퍼와 칫솔을 준비해 둔 장면이었다. 요청된 것도 아니었고 점수와 직접 관련된 준비도 아니었다. 기록으로 남길 이유도 없었다. 그러나 그 선택은 평가를 의식한 행동이 아니라 사람을 대하는 기준에 가까웠다. 인간을 대하는 기본 태도가 자연스럽게 드러난 순간이었다.

그 장면은 오래 기억에 남았다. 물건 때문이 아니라 그 조직이 평가를 어떻게 이해하고 있는지가 전해졌기 때문이다. 점수를 얻기보다 관계를 흐트러뜨리지 않겠다는 태도, 보이지 않는 순간에도 기준을 낮추지 않겠다는 선택이었다. 그런 선택은 박수 대신 신뢰를 남긴다. 그리고 그 신뢰는 시간이 지나도 쉽게 무너지지 않는다.

평가받지 않아도 지켜온 선택의 특징은 설명이 필요 없다는 점이다. 그 선택은 누군가를 설득하기 위해 존재하지 않는다. 스스로에게 부끄럽지 않기 위해 내려진다. 그래서 그 선택을 한 사람은 굳이 이야기하지 않는다. 말로 포장하지 않고 조용히 넘어간다. 대신 그 조용함이 다음 선택의 기준이 된다.

권한이 있을 때는 평가가 따른다. 그러나 권한이 사라지면 상황은 달라진다. 더 이상 판단을 요구받지 않고 결과를 책임질 위치도 아니다. 이때 많은 사람들은 기준을 느슨하게 푼다. 그러나 어떤 사람들은 이 순간에도 선택의 결을 유지한다. 평가받지 않아도 지켜온 선택은 바로 이때 선명해진다.

그들은 더 이상 영향력을 행사하지 않으면서도 판단을 남기지 않는다. 책임질 수 없는 말은 삼키고 개입할 수 없는 결정에는 거리를 둔다. 이런 태도는 당장 눈에 띄지 않는다. 그러나 주변 사람들은 그 차이를 분명히 느낀다. 말은 줄었는데 신뢰는 줄지 않는다.

관계에서도 마찬가지다. 아무도 보지 않는 자리에서의 태도, 설명하지 않아도 되는 상황에서의 배려, 지켜야 할 선을 넘지 않는 판단이 관계를 지탱한다. 이런 선택은 즉각적인 감동을 주지 않는다. 대신 시간이 지나면 관계의 바탕이 된다.

모든 선택이 평가를 받아야 할 필요는 없다. 오히려 평가를 기대하지 않는 선택일수록 오래 간다. 박수를 받지 않기에 흔들리지 않고 점수로 남지 않기에 조정되지 않는다. 그래서 시간이 흐를수록 기억에 남는다.

나는 점점 평가를 덜 기준으로 삼으려 한다. 잘 보일 수 있는 선택보다 나중에 설명하지 않아도 될 선택을 고르려 한다. 평가받지 않아도 지켜온 선택은 결국 자신을 남긴다.

사람은 언젠가 평가의 자리에서 내려온다. 그때 남는 것은 박수의 크기가 아니라 평가가 사라진 뒤에도 지켜온 선택이다. 그 선택들은 말없이 쌓여 한 사람의 기준이 된다. 그리고 그 기준은 다시 평가받지 않아도 흔들리지 않는다.

평가받지 않아도 지켜온 선택은 조용하다. 그러나 그 조용함은 오래 간다. 사람들은 선택을 모두 기억하지는 못해도 그런 선택을 해 온 사람은 신뢰한다. 그것으로 충분하다.

관계가 끝난 뒤에도
남는 책임

끝났다고 해서
책임까지 사라지는 것은 아니다.

관계는 언제나 이어지기만 하지는 않는다. 오래 함께했던 사이도 각자의 방향이 달라지면 멀어진다. 누가 먼저 떠났는지 무엇이 원인이었는지는 시간이 지나면 흐릿해진다. 그러나 관계가 끝난 뒤 어떤 태도를 보였는지는 오래 남는다. 책임은 관계가 유지될 때보다 끝난 뒤에 더 또렷해진다.

많은 사람들은 관계가 끝났다고 느끼는 순간 책임도 함께 사라진다고 생각한다. 이제는 설명하지 않아도 되고 배려하지 않아도 되며 조심할 이유도 없다고 여긴다. 그래서 끝난 관계를 정리한다는 이름으로 말을 늘린다. 이유를 붙이고 감정을 꺼내며 자신의 입장을 설명한다. 그러나 그 말들은 관계를 정리하기보다 흔적을 남긴다. 관계가 끝났다는 사실보다 어떻게 끝냈는지가 더 강하게 기억된다.

관계의 마지막 국면에서는 새로운 선택이 만들어지지 않는다. 그동안 반복해 온 태도가 응축되어 드러날 뿐이다. 그래서 관계가 끝나는 순간은 돌발적인 장면처럼 보이지만 실제로는 그 사람의 기준이 가장 압축된 형태로 나타나는 시간이다. 관계가 좋았을 때보다 멀어질 때 그 기준은 더 분명해진다.

공적 관계에서도 마찬가지다. 역할이 끝났다고 해서 책임까지 자동으로 소멸되지는 않는다. 제도는 관계를 종료시킬 수 있지만 그 관계 속에서 시작된 일과 선택까지 함께 지워주지는 않는다. 특히 공적인 일일수록 관계가 끝난 뒤의 태도는 더 많은 사람에게 영향을 미친다.

나는 비서관직을 내려놓은 뒤에도 하나의 일을 끝까지 지켜낸 적이 있다. 재직 시절 직접 추진하던 일이었지만 자리를 떠났다는 이유로 손을 떼야 할 의무는 없었다. 예산을 확보하는 단계에서 멈출 수도 있었고 이후의 과정은 다른 사람에게 넘길 수도 있었다. 그러나 그 일은 아직 끝난 상태가 아니었다. 그래서 나는 직함 없이 그 일을 챙겼다. 시나리오와 음악극의 방향을 정리하고 무대에 오르기까지 필요한 문화

체육관광부 예산을 확보했다. 약 1년의 준비 끝에 그 일은 무사히 마무리되었다. 한국에서 전쟁고아 3천 명을 길러낸 일본인 故 윤학자 여사를 기리는 뮤지컬이 지난 12월, 관객 앞에 조용히 올려졌다. 그 과정에서 나는 더 이상 판단권도 책임권도 가진 사람이 아니었다. 다만 시작했던 일을 끝까지 정리해야 한다는 기준만 남아 있었다. 자리는 비워졌지만 책임은 남아 있었다.

관계가 끝난 뒤의 책임은 무언가를 더 하는 데 있지 않다. 오히려 하지 않는 선택에서 드러난다. 이미 끝난 일을 과장하지 않는 태도, 공동의 사람들 앞에서 관계를 설명하지 않는 판단, 더 말할 수 있어도 말을 줄이는 절제. 이런 선택들은 눈에 띄지 않는다. 그러나 이 조용한 태도가 관계의 마지막 인상을 결정한다.

끝난 뒤에 말을 줄일 줄 아는 사람은 관계를 가볍게 여기지 않는다. 함께하지 않게 되었다는 이유로 그 시간을 무효로 만들지 않는다. 그래서 그 관계는 완전히 지워지지 않는다. 다시 이어지지 않더라도 훼손되지 않은 기억으로 남는다.

반대로 관계가 끝난 뒤에도 설명을 이어가는 사람은 자신을 지키려는 마음이 앞선다. 오해받고 싶지 않고 억울함을 남기고 싶지 않기 때문이다. 그러나 그 설명은 종종 관계의 끝을 더 거칠게 만든다. 사람들은 그가 무엇을 말했는지보다 왜 그 말을 해야 했는지를 기억한다.

관계가 끝난 뒤의 책임은 사과나 화해로만 남지 않는다. 침묵으로 남을 수도 있고 거리를 지키는 방식으로 드러날 수도 있다. 그 책임은 상대를 위한 배려이면서 동시에 자신을 지키는 기준이다. 끝난 관계를 소란 없이 통과한 사람은 이후의 관계에서도 신뢰를 얻는다. 말이 적어도 태도가 흔들리지 않기 때문이다.

모든 관계를 끝까지 붙잡을 필요는 없다. 그러나 모든 관계는 끝날 때까지 책임이 있다. 더 말하지 않는 선택, 더 흔들지 않는 태도, 조용히 정리하는 절제는 사라짐이 아니라 완결이다. 관계가 끝난 뒤에도 남는 책임은 그렇게 사람을 남긴다. 떠난 뒤에도 얼굴을 잃지 않는 방식으로.

기억 속에서
사라지지 않는 이유

말이 사라진 자리에서 끝까지 남는 것은,
그 사람이 보여 준 태도의 온기다.

사람은 많은 말을 듣고도 쉽게 잊는다. 그때는 고개를 끄덕였고 충분히 이해했다고 느꼈지만 시간이 지나면 무엇을 들었는지는 흐릿해진다. 길었던 설명이나 공들인 변명은 기억 속에서 빠르게 마모된다. 대신 특정한 순간의 태도는 오래 남는다. 무엇을 주장했는지보다 어떤 장면으로 곁에 있었는지가 기억을 붙잡는다. 그래서 기억 속에서 사라지지 않는 이유는 말의 설득력이 아니라 태도의 방향에 있다.

기억은 의외로 공정하다. 그 순간에는 드러나지 않았던 태도 시간이 지나면 제자리를 찾는다. 말로 덮을 수 있었던 장면도 반복되면 결국 드러난다. 반대로 아무도 알아주지 않았던 선택도 시간이 흐르면 의미를 얻는다. 기억은 즉각적인 평가보다 느리게 작동하지만 한 번 남기 시작하면 쉽게 지워지지 않는다. 그래서 사람은 당장의 반응보다 이후의 기억을 더 조심해야 한다. 기억은 말의 논리가 아니라 태도의 일관성으로 만들어지기 때문이다.

기억은 논리보다 감각에 가깝다. 우리는 경험으로 알고 있다. 아무 말 없이 건네진 손길이 시간이 지나도 몸에 남는다는 사실을. 이유를 묻지 않던 침묵이 긴 설명보다 오래 버틴다는 것을. 극적인 말이 없어도 어떤 장면은 마음 깊숙이 남아 다시 떠오른다. 사람에 대한 기억도 다르지 않다. 설명은 사라져도 그때 느꼈던 태도의 온도는 남는다.

그래서 기억에 남는 사람은 대체로 조용하다. 자신을 각인시키려 애쓰지 않고 감정을 앞세우지 않는다. 무엇을 남길지 계산하기보다 어떤 태도를 선택할지를 먼저 생각한다. 필요할 때는 자리를 지키고 불필요한 순간에는 물러난다. 말을 줄이고 행동을 정돈한다. 그 태도는 즉각적인 인상을 만들지 않는다. 그러나 시간이 흐르면 어느 순간 자연스럽게 떠오른다. 힘들 때 다시 생각나는 얼굴은 대개 그런 사람이다.

공적 일을 마친 뒤에도 유난히 오래 남는 사람이 있다. 대통령실에는 행정요원이 배치되어 있다. 바쁜 행정관과 비서관을 가까이에서 보좌하며 일이 막히지 않도록 살뜰히 챙기는 역할이다. 일정과 자원을 정리하고 의사소통을 잇는다. 우편물과 서류, 공공 물품을 관리하는 일도 맡는다. 이 일들은 중요한 기록으로 남거나 큰 평가의 대상이 되지는 않는다.

그러나 나는 그 행정요원의 태도를 오래 기억한다. 누구의 지시가 없어도 먼저 움직였고 드러내지 않아도 필요한 일을 채웠다. 바쁜 순간에도 표정이 흐트러지지 않았고 고맙다는 말이 없어도 기준을 낮추지 않았다. 그가 남긴 것은 성과가 아니라 안정감이었다. 말로 설명하지 않아도 자리가 무너지지 않게 만드는 태도, 그것이 기억 속에서 사라지지 않는 이유였다.

그 장면은 특별해서 기억에 남은 것이 아니었다. 누구도 주목하지 않는 순간에도 기준을 낮추지 않았다는 사실이 시간이 지나서야 조용히 떠올랐을 뿐이다.

기억 속에 남는 태도는 극적이지 않다. 위기를 단번에 해결한 장면보다 상황을 더 악화시키지 않았던 선택이다. 갈등이 커질 수 있었던 순간에 말을 삼킨 결정이다. 책임이 불분명한 자리에서 먼저 자기 몫을 감당했던 태도다. 이런 장면들은 기록으로 남지 않는다. 평가표에도 적히지 않는다. 그럼에도 사람들은 정확히 기억한다. 어떤 사람이 있었기에 일이 그 선에서 멈췄는지를.

　물론 강렬한 말과 극적인 행동으로 기억되는 사람도 있다. 그러나 시간이 지나 다시 떠올려지는 얼굴은 대개 다르다. 그 장면이 빛났기 때문이 아니라 이후에도 태도가 무너지지 않았기 때문에 남는다. 강렬함은 기억을 만들 수 있지만 태도만이 기억을 유지한다.

　그래서 오래 남는 기억은 소리가 크지 않다. 설명을 요구하지 않고 해명을 남기지 않는다. 함께 있으면 상황이 더 나빠지지 않을 것 같다는 믿음, 문제가 생겨도 최소한의 선은 지킬 것이라는 신뢰가 남는다. 이 감각은 한두 번의 선택으로 생기지 않는다. 반복된 태도가 쌓여 만들어진다.

　기억 속에서 사라지지 않는 사람은 자신을 남기려 하지 않는다. 오히려 상황을 정리하고 자리를 비운다. 그 선택은 눈에 띄지 않고 박수를 받지 않는다. 때로는 손해처럼 보인다. 그러나 시간이 지나면 그 공백이 말이 된다. 왜 그 사람이 다시 떠오르는지 설명하지 않아도 알게 된다. 그때 기억은 말이 아니라 태도를 불러낸다.

　사람은 언젠가 설명을 잃는다. 직함도 역할도 관계의 위치도 사라진다. 그 뒤에 남는 것은 단순하다. 어떤 태도로 그 시간을 통과했는지다. 기억 속에서 사라지지 않는 사람은 그래서 조용하다. 이미 태도로 설명을 끝냈기 때문이다.

　나는 점점 기억을 의식하기보다 태도를 점검하려 한다. 남길 말을 고르기보다 남기지 않을 말을 결정하려 한다. 그 순간에는 아무도 알아주지 않을지라도 태도가 기억을 만든다는 사실을 알기 때문이다. 기억은 선택의 결과가 아니라 반복된 태도의 흔적이다. 그래서 사람은 결국 말이 아니라 태도로 기억된다.

마지막까지
흐트러지지 않는 기준

끝을 대하는 모습이,
그 사람이 어떤 사람인지 가장 분명하게 보여 준다.

사람의 기준은 보통 잘 드러나지 않는다. 일이 잘 풀릴 때
는 누구나 단정해 보이고 상황이 안정적일 때는 말과 행동이
크게 흔들리지 않는다. 그럴 때는 기준을 굳이 꺼내 들 필요
도 없다. 기준은 위기에서만 필요한 것처럼 보이기 때문이다.
그러나 기준이 진짜 모습을 드러내는 순간은 따로 있다. 시
작이 아니라 끝이다. 더 이상 잘 보일 필요가 없다고 느껴질
때, 이제는 책임에서 벗어났다고 생각하는 바로 그 지점이다.

끝이 다가오면 사람은 느슨해진다. 이미 할 만큼 했다는 마
음이 앞서고 이제는 내려놓아도 된다고 스스로를 설득한다.
그래서 마지막 말은 조금 거칠어지고 태도는 쉽게 흐트러진

다. "이 정도면 충분하지 않나"라는 생각이 행동을 앞선다. 하지만 사람들은 그 순간을 의외로 또렷하게 기억한다. 과정은 흐려져도 끝은 오래 남는다. 시작보다 끝이 더 강하게 사람을 규정하는 이유다.

마지막까지 기준을 지킨다는 것은 대단한 결심이나 희생을 뜻하지 않는다. 아주 사소한 선택의 반복에 가깝다. 이미 내 몫이 아니라고 느껴지는 일에 군이 의견을 보태지 않는 것, 떠날 것이 분명해졌을 때도 관계를 헝클어뜨리지 않는 태도, 억울한 감정이 있어도 그것을 전부 꺼내 놓지 않는 선택이다. 이런 결정들은 대부분 눈에 띄지 않는다. 박수를 받을 일도 없고 기록으로 남지도 않는다. 그러나 그 사소함이 전체의 인상을 바꾼다.

끝이 가까워질수록 말이 많아지는 이유는 단순하다. 이해받고 싶기 때문이다. 오해를 남기고 싶지 않고 자신의 선택이 틀리지 않았다는 확인을 받고 싶어진다. 그래서 설명이 길어진다. 그러나 그런 말들이 상황을 바꾸는 경우는 드물다. 대신 그 말들은 그 사람의 마지막 인상으로 남는다. 무엇을 주장했는지가 아니라, 왜 그렇게까지 말해야 했는지가 기억된다.

마지막까지 기준을 지킨 사람은 감정이 없는 사람이 아니다. 오히려 감정을 누구보다 정확히 인식하는 사람이다. 다만 그 감정을 그대로 앞세우지 않는다. 화가 나지 않아서 조용한 것이 아니라, 화가 나도 그걸 전부 쏟아내지 않는 쪽을 선택한다. 그래서 말이 적고 행동이 단정하다. 그 모습은 설명하지 않아도 주변에 자연스럽게 전해진다.

조직에서도 끝은 중요하다. 누군가 자리를 떠날 때 마지막까지 태도가 흐트러지지 않으면 남은 사람들도 덜 흔들린다. 반대로 끝에서 소란이 생기면 그 여운은 오래 남는다. 한 사람의 마지막 태도가 그 자리를 지나간 전체의 분위기를 규정하기 때문이다. "그때 그 사람은 어땠다"는 말은 종종 그 조직을 설명하는 문장이 된다.

관계에서도 마찬가지다. 더 이상 같은 방향으로 가지 않기로 했을 때 어떻게 행동했는지가 그 관계 전체를 대표한다. 끝까지 설명하려 했는지, 조용히 거리를 조정했는지, 서운함을 앞세웠는지, 관계를 망치지 않으려 했는지. 시간이 지나 떠올려지는 장면은 대개 마지막 태도다. 그때 지킨 선이 이후의 기억을 정리한다.

마지막까지 기준을 지킨 사람은 자신을 남기려 하지 않는다. 옳았다는 말을 남기지 않고 이해받으려 애쓰지도 않는다. 다만 스스로에게 허락하지 않았던 행동을 끝까지 하지 않는다. 하지 않은 말, 넘지 않은 선, 남기지 않은 감정이 그 사람의 기준이 된다. 그 선택은 당장은 손해처럼 보일 수 있다. 그러나 시간이 지나면 그 차이는 분명해진다.

사람들은 흔히 성과로 자신을 설명하려 한다. 무엇을 해냈는지, 얼마나 버텼는지로 자신을 증명하려 한다. 하지만 시간이 지나면 그런 정보는 빠르게 흐려진다. 대신 끝을 어떻게 맞았는지가 남는다. 마지막 순간에도 기준을 지켰는지, 책임이 느슨해진 자리에서도 태도를 놓지 않았는지가 사람을 남긴다.

끝은 누구에게나 온다. 준비된 끝도 있고 갑작스러운 끝도 있다. 그러나 어떤 끝이든 마지막 태도만큼은 선택할 수 있다. 그래서 마지막까지 기준을 지킨다는 말은 끝을 통제하겠다는 뜻이 아니다. 끝을 대하는 자신의 자세만은 놓지 않겠다는 다짐에 가깝다.

사람은 결국 모두 떠난다. 자리에서도 관계에서도 언젠가는 끝을 맞는다. 그때 남는 것은 성과도 시간이 아니다. 마지막까지 무엇을 지켰는지다. 끝을 대하는 태도가 그 사람의 기준을 완성한다. 그리고 그 기준은 시간이 지나도 흐려지지 않는다.

남기지 않아도 남는 사람

끝까지 일을 완성했기에,
설명이 필요 없어진 사람.

남기지 않아도 남는 사람은 아무것도 하지 않은 사람이 아니다. 오히려 그 반대다. 끝까지 일을 완성했기에, 더 이상 설명이 필요 없어진 사람이다.

사람들은 흔히 기억되기 위해 애쓴다. 무엇을 했는지 말로 남기고 어떤 의도였는지 정리하며, 자신의 선택이 왜 옳았는지를 설명한다. 그래야 오해를 피할 수 있고 평가를 통제할 수 있다고 믿기 때문이다. 그래서 일의 끝마다 해명이 따라붙고 관계의 갈림마다 이유가 덧붙는다. 말은 자신을 남기는 가장 빠른 방법처럼 보인다.

그러나 시간이 지나 돌아보면 그렇게 남긴 말이 얼마나 남아 있는지는 분명하지 않다. 설명이 길었던 장면일수록 오히려 기억은 흐릿하다. 누가 어떤 말을 했는지는 잊히고, 왜 그렇게까지 말해야 했는지만 남는다. 반대로 말이 많지 않았던 순간은 의외로 또렷하다. 그때 일이 어떻게 마무리되었는지, 상황이 어떤 상태로 남았는지가 기억을 대신한다.

남기지 않아도 남는 사람은 이 차이를 안다. 그래서 자신의 판단을 강조하지 않고 공을 앞세우지 않는다. 설명할 수 있었지만 굳이 설명하지 않고 말해도 되었지만 결과로 대신한다. 그 선택은 처음에는 가볍게 보인다. 때로는 왜 아무 말도 하지 않느냐는 질문을 받기도 한다. 책임을 회피하는 것처럼 오해받기도 한다. 그러나 시간이 흐르면 오히려 그 조용함이 기준으로 남는다.

이들은 가만히 있었던 사람이 아니다. 누구보다 많이 움직였고, 누구보다 성실하게 일을 정리했다. 다만 그 수고를 말로 묶지 않았을 뿐이다. 자신이 한 일을 설명하는 대신, 일이 남지 않도록 마무리했다. 문제가 이어지지 않게 정리했고, 다음 사람이 불편하지 않도록 구조를 남겼다. 그래서 일이 끝난 뒤 이름은 남지 않지만 "그때 왜 문제가 없었는지"는 자연스럽게 이해된다.

결과가 설명이 되는 순간, 말은 필요 없어지기 때문이다.

남기지 않아도 남는 사람은 계산의 방향이 다르다. 무엇을 얻을지를 먼저 따지지 않고, 무엇을 남기지 말아야 할지를 먼저 생각한다. 자신의 말이 상황을 더 복잡하게 만들지 않는지, 자신의 설명이 관계를 어지럽히지 않는지를 살핀다. 그래서 선택의 속도는 빠르지 않지만 방향은 분명하다. 상황을 키우지 않기 위해 말을 줄이고, 일을 남기지 않기 위해 끝을 정리한다.

이 태도는 즉각적인 인상을 만들지 않는다. 박수를 부르지 않고, 눈에 띄는 평가로 이어지지도 않는다. 오히려 조용해서 과소평가되기 쉽다. 그러나 시간이 흐를수록 차이는 분명해진다. 누군가 다시 그 일을 떠올릴 때 설명이 아니라 상태가 먼저 떠오른다. "그때는 깔끔했지" "그 사람 있을 때는 일이 남지 않았지"라는 말로 기억된다.

남기지 않아도 남는 사람은 시간을 믿는다. 지금 당장의 평가에 매달리지 않고, 이후의 기억을 조급하게 끌어당기지 않는다. 언젠가 돌아보면 충분히 이해될 것이라는 확신이 있다. 그 확신은 낙관이 아니라 경험에서 나온다. 끝까지 일을 완성해 본 사람만이 가질 수 있는 감각이다. 말로 증명하지 않아도, 결과가 남아 있다는 믿음이다.

그래서 이들은 설명보다 완성을 택한다. 주장보다 마무리를 선택하고, 말보다 상태를 남긴다. 일이 어떻게 끝났는지가 곧 자신의 설명이 되기 때문이다. 그 설명은 조용하다. 기록으로 크게 남지 않고, 이야기로 자주 오르내리지도 않는다. 그러나 시간이 지날수록 더 단단해진다.

모든 자리는 언젠가 비워진다. 말도 역할도 직함도 사라진다. 그 뒤에 남는 것은 단순하다. 그 사람이 무엇을 말했는지가 아니라, 그 사람이 일을 어떤 상태로 남겼는지다. 문제가 남았는지, 다음을 위한 여백이 남았는지, 관계가 훼손되지 않았는지가 그 사람을 대신해 말한다.

남기지 않아도 남는 사람은 그래서 오래 간다. 설명이 없었기에, 오히려 결과가 말이 된다. 끝까지 일을 완성했기에, 더 이상 말할 필요가 없어진 사람. 그 사람이 결국 가장 오래 기억된다.

사람은 태도로 완성된다

말은 바뀔 수 있지만,
태도까지 바뀌는 순간 신뢰는 돌아오지 않는다.

사람은 말로 자신을 설명하며 살아간다. 처음 만났을 때 우리는 말을 듣고 그 사람을 판단한다. 무엇을 생각하는지, 어떤 가치를 중요하게 여기는지, 어디까지 책임질 수 있는지를 말 속에서 가늠한다. 그래서 많은 사람들은 말에 공을 들인다. 표현을 다듬고 논리를 세우며 상황에 맞는 언어를 준비한다. 말이 곧 자신이라고 믿기 때문이다.

그러나 시간이 흐르면 이 믿음은 조금씩 흔들린다. 충분히 설명했다고 생각했는데, 정확히 말했다고 여겼는데, 정작 기억 속에 남아 있는 것은 말이 아니다. 어떤 문장이었는지는 흐려지고, 대신 그 말이 놓였던 순간의 태도가 떠오른다. 사람은 말로 알려지지만, 끝내 태도로 기억된다.

태도는 주장보다 느리게 드러난다. 즉각적인 반응을 만들지도 않고, 박수를 부르지도 않는다. 그러나 한 번 각인되면 쉽게 지워지지 않는다. 불리할 때 말을 줄였는지, 유리할 때 앞서 나가지 않았는지, 책임이 필요한 순간에 자리를 지켰는지가 시간이 지나서야 또렷해진다. 말은 상황을 채우지만 태도는 시간을 건너간다.

이 차이는 공적인 자리에서 더욱 분명해진다. 특히 지도자의 자리에서는 말이 개인의 의견이 아니라 공동체의 신호가 된다. 입장 하나, 표정 하나, 침묵 하나가 기준이 된다. 그래서 이 자리에서 가장 빠르게 신뢰를 소모하는 것은 말의 오류가 아니라 태도의 불일치다. 앞에서는 책임을 말하고, 보이지 않는 자리에서는 그 책임을 가볍게 여기는 태도. 앞에서는 기준을 강조하고, 뒤에서는 유불리를 먼저 따지는 선택. 말은 일관돼 보일 수 있다. 그러나 태도가 이어지지 않는 순간, 사람들은 말의 옳고 그름보다 어디까지 믿어도 되는지를 먼저 판단한다.

문제는 말이 바뀌는 것이 아니다. 상황에 따라 설명은 달라질 수 있다. 그러나 태도까지 쉽게 바뀌는 순간, 신뢰는 급격히 닳아간다. 책임을 말하던 사람이 책임을 피하고, 기준을 강조하던 사람이 기준을 내려놓는 선택이 반복될 때 공동체는 방향을 잃는다. 그때 말은 늘어나고, 설명은 많아지며, 기준은 흐려진다.

그래서 태도는 말보다 앞서야 한다. 상황이 바뀌어도 지켜야 할 선이 있고, 물러나야 할 때에도 유지해야 할 결이 있다. 이 결이 흔들리지 않을 때 말은 힘을 가진다. 반대로 태도까지 흔들리는 순간, 아무리 정교한 설명도 설득이 되지 않는다. 태도는 개인의 문제가 아니라 공동체의 기억을 만드는 문제이기 때문이다.

이 원리는 정치에만 머물지 않는다. 조직에서도, 관계에서도 마찬가지다. 말은 수정할 수 있어도 태도까지 조정되기 시작하면 사람들은 더 이상 기다리지 않는다. 그 순간부터 관계는 신뢰가 아니라 계산으로 움직이기 시작한다. 무엇을 말했는지가 아니라, 언제 말을 바꿨는지가 기준이 된다.

그래서 나는 말보다 태도를 본다. 무엇을 주장하는지보다 그 자리를 어떤 방식으로 통과하는지를 본다. 말이 끝난 뒤에도 같은 방향으로 남아 있는지, 보이지 않는 자리에서도 같은 결을 유지하는지를 살핀다. 태도는 연출되지 않는다. 다만 반복될 뿐이다.

사람은 결국 태도로 완성된다. 말로 쌓은 이미지는 무너질 수 있어도, 태도로 쌓은 신뢰는 남는다. 설명하지 않아도 전해지고, 떠난 뒤에도 기억된다. 그래서 마지막까지 지켜야 할 것은 말이 아니라 태도다.

태도를 지킨다는 것은 거창한 결심이 아니다. 다만 같은 상황에서 늘 비슷한 방향을 택하는 일이다. 유리할 때만 원칙을 말하지 않고, 불리할 때도 같은 선을 유지하는 선택이다. 아무도 보지 않을 때도 태도의 결을 낮추지 않는 일이다. 이런 반복은 눈에 띄지 않지만 사람을 만든다. 사람은 한 번의 말이 아니라 수없이 작은 태도의 축적으로 완성된다.

그래서 태도를 지킨다는 것은 결국 자신을 통제하는 일이다. 말이 앞서 나가려 할 때 한 번 멈추는 일이고, 억울함이 올라올 때 바로 풀어내지 않는 선택이다. 모두가 말할 때 침묵을 고르고, 모두가 물러설 때 자리를 지키는 판단이다. 이 선택들은 그 순간에는 손해처럼 보인다. 그러나 시간이 지나면 손해는 사라지고, 남은 태도만이 사람의 무게가 된다.

말은 바뀔 수 있다. 설명은 수정될 수 있다. 그러나 태도까지 바뀌는 순간, 신뢰는 돌아오지 않는다. 그래서 끝까지 남겨야 할 것은 말이 아니라 태도다.

사람은 결국 태도로 완성된다. 이 글이 닿고자 한 결론은 거창하지 않다. 사람의 품격은 가장 느리게 드러난다는 것,

그리고 우리는 스스로를 말로 소개한다고 믿지만 실제로는 어떤 태도로 살아왔는지가 우리를 대신해 소개한다는 사실이다. 그래서 사람의 자기소개는 언제나 말이 아니라 태도로 쓰인다.

다시 처음처럼, 이 글을 마치며 나는 이상하게도 끝보다는 시작을 떠올리고 있다.

처음 무엇을 하겠다고 마음먹었던 순간, 아직 판단도 기준도 말로 정리되지 않았던 때. 그때의 나는 지금보다 덜 조심스러웠고 덜 단단했으며, 덜 책임적이었다. 그러나 동시에 어떤 기대와 긴장을 함께 품고 있었다.

이 글은 그때의 나에게 다시 돌아가기 위한 기록이기도 하다.

많은 장을 쓰며 한 가지는 분명해졌다. 사람은 나이가 아니라 깊이로 쌓인다는 것, 그 깊이는 말이 아니라 태도로 만들어진다는 것, 그리고 그 태도는 언제나 선택 이후에 드러난다는 사실이다.

무엇을 이루었는지보다 무엇을 바꾸지 않았는지가 더 오래 남는다. 성공보다 실패를 대하는 자세가 시작보다 끝을 정리하는 방식이 사람을 더 설명한다.

나는 여전히 완벽하지 않다. 판단은 여전히 어렵고 선택에는 늘 망설임이 따른다. 다만 예전보다 조금 더 분명해진 것은 있다. 어떤 말은 하지 않겠다는 기준, 어떤 방식은 택하지 않겠다는 선, 그리고 무엇이 흔들려도 끝내 놓지 않겠다는 태도다. 이 기준들이 앞으로의 나를 완전히 보호해주지는 못할 것이다. 그러나 길을 잃었을 때 돌아올 좌표는 되어줄 것이라 믿는다.

이 책을 덮는 순간, 나는 다시 일상으로 돌아간다. 관계는 여전히 복잡하고 결정은 어렵고, 책임은 무겁다. 그러나 이제는 안다. 모든 답을 가지고 시작할 필요는 없다는 것을, 다만 질문을 피하지 않고 끝을 가볍게 넘기지 않으며 나 자신에게만큼은 변명하지 않는 태도를 지키면 된다는 것을.

끝은 언제나 새로운 시작점이다. 이 글의 끝 역시 하나의 출발선이다. 나는 다시 흔들릴 것이다.

그러나 이번에는 조금 다른 방식으로 중심을 잡을 것이다.

이 글을 쓴 사람으로서 이 문장들에 부끄럽지 않게 살아가
려는 사람으로서. 그리고 그 정도면, 충분하다고 믿는다.

사람의 품격

초판 1쇄 발행 2026년 2월 13일

지은이 전선영
펴낸이 정성욱
펴낸곳 이정서재

편집 정성욱
마케팅 정민혁
디자인 김지현

출판신고 2022년 3월 29일 제 2022-000060호
전화 02)732-2530 │ FAX 02)732-2531
이메일 jspoem2002@naver.com

ⓒ 전선영, 2026
ISBN 979-11-988460-7-5 (03190)